高校生活4年、さらに大学生活8年!

過去を変えた男

異色の経営者　久米信廣

元・東洋経済新報社取締役
『会社四季報』元編集長
篠原　勲　著

まえがき

不思議な人である。人を惹きつけてやまない力がある。真面目過ぎるほどの堅物であり、酒は飲まない。同時に頑固者だ。それでいていつも笑顔を絶やさず、明るく話し好きでもある。どんな仕事の会社なのかと問うと、「人間関係業です」と答える。コミュニケーション主義だ。少し変わった人物のようにも見えるが、本人にすれば自分がまともで世の中の方が間違っていると言うに違いない。

中小企業の社長にもかかわらずやることがデカイ。仕事はほとんど社員に任せて、国際交流、社会貢献に翼を広げ国内外を飛び回っている。「300年後の子どもたちのために」「世界平和のために」「人の前に(幸せの)明かりを灯す」という使命感のためにである。そんな大風呂敷を広げて会社がおかしくならないのかと周囲は危ぶむ。しかし、そうした声を意にも介さない。「危なっかしくて見ていられないから、みんなが助けてくれる」と平然としている。

中学生の時、脳が飛び出すほどの大けがで死に直面した。16歳の時に「僕は世界の指導者になる」との大志を抱いたのだという。その志は今も変わらない。「バタフライ効果」と共に「継続は力なり」を信じている。エリートではない。徳島県の片田舎で落ちこぼれの少年・青年期を過ごしてきた。東京に出てきてからも失敗談は数知れない。本書の主人公・久米信廣は「大人の姿をした子ども」を自認する。確かに子どもっぽい素直さ、純粋さ、生真面目さを残している。
少し変わった人間と見られがちなのは、ずる賢いところが些《いささ》かもないからだろう。彼の考え方の底流にはいつも正義感と思いやりの心が流れている。ウソを言わない。駆け引きをしない。「正しいことはあくまでも正しい」と自説を曲げない。欲張り人間を蛇蝎《だかつ》の如く嫌う。世の中を悪くしているのは人間の果てしない欲望にあり、したがって欲望を制御する克己心が大事なのだと説く。「義・勇・仁・礼・信（誠）・名誉・忠」の武士道に生きているとも言えよう。

もう40年も前になるが「日本の不動産業界は身勝手で客から信用されていない。これを正さなければ業界もひいては日本の国もおかしくなる」と、単身で業界に横串を通す役割を勝手に買って出て、それを「有言実現」してしまう男である。「有言実行」ではない。「有言〝実現〟」だと本人は名言や明言ならぬ迷言づくりが得意だ。

かつての不動産業界は、三菱・三井・住友など財閥の冠がついた大企業が勢揃いしているにも関わらず、互いがライバル視してまとまりのない業界だった。しかも、一部では「真面目」とか「誠実」とかの言葉にかなり縁遠い業界でもあった。規範を守って互いが競争するのは悪いわけではない。しかし、ルールもなく好き勝手を許していれば、嘘偽《うそいつわ》りが罷《まか》り通り迷惑をこうむるのはお客であり、近隣住民であり、世間である。粗悪な住宅をつかまされた家族はローン地獄も重なり取り返しのつかない不幸を背負い込む。

それを正義感から久米は黙って見逃せなかった。ではどうしたか。彼は一計を案じた。縦割りになっている業界に横串を通そうと。それが、日本不動産野球連盟（ＲＢＡ）の設立だった。これは、不動産、建設、住宅業界に所属する企業の軟式野球チームが集い、優勝を懸けて対戦する野球大会である。最初のうちは、「そんなことできるはずはない」と各方面から一笑に付された。しかし、今、このＲＢＡ野球大会は三井不動産、三菱地所、東急不動産が幹事となり、ますます盛り上がっている。

大会の優勝チームには、国土交通省土地・建設産業局長表彰が贈られるうえ、全日本チーム（ＲＢＡオールジャパン）として海外訪問し、現地のチームとの対戦・子どもたちに野球教室を行うなど、野球を通じてフレンドリーな国際親善を行う栄誉に浴する。ＲＢＡは野球というスポーツを通じ業界の繁栄と発展に大きく貢献してきた。大臣表彰にも値すると言ったら言い過ぎか。

一方、久米が理事長を務めるＲＢＡインターナショナル（ＲＢＡＩ）は、青少年の健全な育成と地球人輩出のための国際交流を行っていくことを目的とするＮＰＯ法人である。社会教育の推進、文化・芸術・スポーツの振興、国際協力、子どもの健全育成、世界平和の推進等の活動を行っている。

国際交流のためにオーストラリアを訪れたのは、久米が35歳の時だった。彼は考えているよりも、まず行動を起こす。「窮鳥懐に入れば猟師も殺さず」の心境なのだろう。「無手勝流」でとにかく相手の懐に飛び込む。このやり方で、短時日のうちにオーストラリアとの民間交流を実現してしまった。モンゴルや中国はじめ多くの国との交流も「やってみなければ分からない」と突撃型で成功してきた。

久米は「今を生きる」という言葉を好んで使う。とにかく目の前のことに真正面から無我夢中で取り組む。瞬間瞬間を懸命に大真面目に生きている。人間は誰もが必ず死ぬ。1回しかない人生に、1回しか死は経験できない。その死もいつ訪れるか分からない。久米は「今はいいや、明日頑張ろう！」は絶対にダメだという。「明日」は「今」であり、「10年後」や「未来」も今この瞬間から始まる。だから久米にとって人生は「今、この一瞬にあり」なのである。

常に礼儀正しく、背筋を真っ直ぐにピシッと伸ばした姿勢、大股で早足で動き回る軽快な歩き方、天皇制を尊重し武士道精神を重んじる日本の伝統的考え方に徹し、一神教・狩猟民族の欧米思想とは一線を画す思考法。そして「不撓不屈の精神」「旺盛なサービス（おもてなし）精神」を決して崩さず、中国、モンゴル、韓国、タイ、セルビア、ベナンなどとの交流の明かりを灯し続ける久米の生き方はありきたりの経営者とは一味もふた味も違った「久米〝適〟」（Kume Style）を歩む姿である。

文章もよく書く。詩なのか散文なのか分からないが、思ったこと考えたことを久米はもう何十年にわたり書き綴ってきた。社内では月に何回か社員教育として「理念勉強会」を開いてきた。得意先の方々とは勉強会の場を設け、久米の考え方が伝わるようにしばしば意見交換を行う。話の中味はなかなか味があり興味深い。

久米と著者が知り合ったのは、明治大学の百瀬恵夫《ももせしげお》教授が政治経済学部長（現在は名誉教授）をなさっている頃だった。15年ほど前である。百瀬先生が主宰する勉強会の「中小企業研究会」などでよくお会いするようになった。彼は50歳を過ぎてから明治大学の大学院に行き、百瀬先生に何度も「バカ者」と厳しく指導されて経済学博士号を取得した頑張り屋なのである。

以前から著者は、久米がどういう経緯で「300年後の子どもたちのために」とか「世界平和のために」とか言い出し、それに向けて何十年も活動を続けてきたのか興味を持っていた。それに何故、中小企業の経営者が折角の利益を犠牲にしてまで最優先で社会貢献に尽くすのかよく理解できなかった。社会貢献は企業の義務だが、国際交流や野球大会を行うには多額の費用が嵩む。そんなに余力のある会社なのかとの疑問である。また、「300年後」とか「第三企画」とか、何故「3」という数字にこだわるのかも不思議だった。

現代の経営学では、「経営とは利益を上げることが目的」とされ、「ヒト、モノ、カネ、情報」を経営資源として挙げている。久米はこの考え方を真っ向から否定する。第三企画の経営は「社会への貢献」「社員への分配」「持続的」の3点を目的とし、「ヒト」は経営資源ではなく「人間」として尊重されるべき存在だとの理念を掲げている。「終身雇用」を守り通すとの信念は全く揺るがない。

百瀬先生から、「久米さんの成功は親孝行が原点にあるからだ」と聞いたことがある。その親孝行とはいかなることなのか。経営にどのように影響しているのか。とにかく愉快で不思議なところが多い久米という人物との出会いに著者は強い関心を持った。

この本は、脳天を割られ生死を彷徨《さまよ》い、高校4年・大学を8年かけて卒業、アルバイトや仕事を転々とし時には泥棒に間違われ、会社を興せば苦悩の連続、それでも16歳の時に心に誓った「世界平和のために」という大志に挑み続けてきた「波乱万丈」の経験を持つ「風雲児」とも呼べる異色の経営者を裸にし、その経営哲学を解剖した物語といえよう。なお、本文中で敬称を省略したこと、失礼をお詫びしたい。

２０１８年９月吉日

篠原　勲

過去を変えた男◆目次

第1章 明日への架け橋

第2章

カゴの中の鳥

第3章 母の愛、父のビンタ

第4章 燃えて経営　人間関係業

第1章

明日への架け橋

国際交流を求め単身で豪州へ

1986（昭和61）年、既に冬の冷たい風が吹くオーストラリア・シドニーの地に大志を抱いた独りの青年が降り立った。その頃、日本からのオーストラリア便は週にわずか2便しかなかった。当時、日本人が少なかったシドニーでは、繁華街キングスクロスにあった「東京レストラン」だけが唯一日本語を話すことのできる場所だった。

南半球のオーストラリアとは逆に、赤道を挟んだ北半球の日本は夏。「世界の平和のために」との熱い想いを胸にして、青年は日本からシドニーに向かった。当時のボブ・ホーク（Robert James Lee Hawke, 1929年生まれ）豪首相の口から出た「オーストラリアはアジアの一員」という言葉だけを信じ頼りにして…。その人物こそ、第三企画を創業して6年、当時35歳の久米信廣だった。

「アジアで唯一の白人国家オーストラリアは、どうしても交流しなければならない国」だと彼は考えていた。何故なら、ボブ・ホーク首相の言った「オーストラリアはアジアの一員」と言う言葉は、「白人がアジア人の仲間に加わる」と聞こえる歴史的かつ画期的な発言だったからである。したがって、久米はボブ・ホーク首相に赤道を越えてはるばるツテもなく会いに行ったのだった。

第2次世界大戦中に日本は連合軍の一員であるオーストラリアとも戦火を交え、この国の一部を占領している。日本が大きな迷惑を掛けた国の一つである。だからこそ南半球の大陸国家でありながら、同じ太平洋圏の国オーストラリアに親睦の交流を求め彼は真っ先に向かった。シドニーはオーストラリアの中心であり、そこで日豪交流ができる、と思っていた。

当時のシドニーはまだ日本人が珍しく、そのうえ学生時代に学んだ英語がほとんど会話として使えない彼。四国の片田舎の徳島県石井町で生まれ育った人間には、それなりに英語は読めても、英会話は全く苦手だった。そもそも英会話のできる教師も周囲にいないのだから無理もない。まして、オーストラリアは英国領で英語圏の国だといっても、本場のイングリッシュには程遠く訛《なま》りが強い。言葉は通じなかった。

シドニー市庁舎

その上、現地で初めて何一つ信用がない自分に気付く。宿泊したホテルでは果たしてカネを払ってくれる客なのかと疑われ冷ややかに見られた。信用がないから、毎日、ホテルから宿泊代を請求され支払わされた。言葉が通じず食べたいものの一つ注文できない無様《ぶざま》な有様に彼は無力感さえ覚えた。

言葉に困った久米は、英語のレッスンを受けることにした。しかし、自分は日本語しか話せない。やって来た英会話講師は英語しかできない。これでは、互いが何を言いたいのか、知りたいのか、教えてもらいたいのか伝わらない。結局、その英語レッスンは数日で打ち切られた。

それでも久米は、当たって砕けろで「国際交流の相手になっていただきたい」と、アポ（面会の約束）なしでシドニー市庁舎や会社訪問を繰り返す。しかし、どこもかしこも冷たく門前払い。オーストラリアがアポ社会であるのを知らなかった。ボブ・ホーク首相に面会を求めたがそれも断られた。

当時、オーストラリアの対日感情はまだほとんど回復していない頃であり、日本に対する敵《てき》愾心《がいしん》・嫌悪感が透けて見える状態だという背景もあった。

帰国の日が近づくにつれ彼の心には焦りが激しさを増していく。滞在期間は余りにも速く過ぎていった。日本で共に働き、共に国際交流に協力してくれている仲間たちのために何の成果もなく手ぶらで帰るわけにはいかない。「大金を使って遊びに行ったのか」と言われたくない。何としても結果を出さねばならないとの祈るような想いが募る。日本から持っていった資金100万円はもう残り少なくなっていた。

この追い詰められた状況の下で、「絶対に日本人と仕事のことでは話さない。日本語は使わない」という自分自身の誓いを彼は苦悶しつつ遂に破った。迷いながら。背水の陣の覚悟で東京レストランに足を運び現地に住む見知らぬ日本人に相談した。「国際交流をしたいのです。

どうしたらいいでしょうか？」と頭を下げた。糸口を求めてただただ必死だった。

　その時、たまたまそこに居合わせた日本人のアドバイスが、「日本人を意外に理解し受け入れてくれる町、ゴールドコーストなら可能性があるのでは」という言葉だった。「ゴールドコーストにはシドニーからどうやって行くのか」「どこの誰を訪ねたらよいのでしょう」など彼は懸命に質問した。

　クイーンズランド州南東部にあるゴールドコーストは、世界的に有名なオーストラリア最大の観光保養地である。「黄金海岸」という名称からも、そこで良い人に出会えそうな予感がした。そこから彼は再び元気と勇気を取り戻し、いったん帰国する。

ゴールドコースト

　諦めたからではなかった。日本における仕事が溜まっていた。それを片づけて再度の挑戦が始まる。態勢を整えた数ヵ月後、久米は改めてゴールドコーストを目指したのだった。だがゴールドコーストでも、市役所へ行けど企業へ行けど相手にされない。ある日の夕方、彼は散歩に出かけ金色の砂浜に座り打ち寄せる波を眺め一人たたずんでいた。犬を連れた老夫人が久米の近くに寄って来て何やら話しかけてきた。よく聞き取れなかったが、「大丈夫よ、心配することはありません。神様はあなたを決して見捨てないわ」、久米にはそう聞こえた。

「サンキュー」と明るく笑って久米は軽く手を振り身振りで応えた。「僕は日本人なのでキリスト教ではないけれど、日本の神仏がきっと守ってくれる。だから僕は大丈夫、必ず目的をやり遂げて日本に帰る。ゴールドコーストに再び来る時には、貴方を食事にお招きするから住所とお名前を教えてほしい」と久米が日本語を交えながら伝えると、老婦人は快くメモを書いてくれた。

次の日、出会ったオーストラリア人は気さくな笑顔で彼を迎えてくれた。その人は久米の話を聞いて、とりあえず市の観光課に行くようにと勧めてくれた。そこからゴールドコースト市のしかるべき立場の人に連絡を取ってくれたのだった。こうして、久米が目的としていた国際交流の話が一気に動き出したのである。

RBAの日本選手を歓迎する豪の少年たち（2001年）

帰国した久米は、直ちに第三企画社内に国際事業開発室を設置すると共に、シドニーに連絡事務所を置き、日豪交流の準備に入った。そして1989（平成元）年1月に久米はゴールドコースト市およびブリスベン市を表敬訪問し、「日豪親善野球大会開催計画」を伝え、豪側の合意を得たのだった。

具体的には同年に、久米は日本の大手不動産・建設会社を中心に50チームが参加する日本不動産野球連盟（ＲＢＡ＝Real Estate Baseball Association）を設立、第1回ＲＢＡ野球大会を開催し、東京ドームで行われた決勝戦における優勝チームを「第1回ＲＢＡ日豪親善訪問団」としたのである。「第1回ゴールドコースト市長杯争奪戦」が行われたのはその年の12月だった。久米がゴールドコーストの海岸で出逢った親切な老婦人もレセプションに招待したところ夫婦そろって駆け付けてくれた。

日豪交流での野球教室

日豪交流での野球教室（1996年）

　この野球大会を中心とする日豪親善活動はその後も毎年続けられてきた。オーストラリアとの交流は２００３年に至るまで実に14年間に及んだ。その間、１９９２（平成４）年には第三企画はオーストラリアオフィスを開設した。しかし、「オーストラリアはアジアの一員」と言ったボブ・ホーク豪首相は１９９１年12月に辞任し、その後の同国はアジアの一員から急速に遠ざかりアメリカの同盟国としてアメリカに目を向けた国になっていった。

　久米が望む国際交流の対象国は世界の頂点に立つアメリカではなく、日本の戦後の復興に学びたいと考えている貧しさが残るいわゆる「第三国」と呼ばれる途上国や地域が中心だった。それらの国や地域と日本とが「平和の架け橋を築くための道をつくる」という考えを久米は持っていた。逆に、ベトナム戦争の引き金を引き、それを泥沼化した強国アメリカに久米は強い反感を覚えていた。

利害関係でやっているように疑われ、真の交流が難しくもなっていた。こうして久米は、オーストラリアとの交流も一応の目的を果たしたとして切り上げ、改めて足元のアジアの近隣諸国および他の第三国に目を向けたのだった。

３００年後に生まれて来る子どもたちに今以上の地球環境を残そう
肌の色が異なる人々も　どの国の人であってもこの地球から生まれた人
そう私たちは　日本人である前に地球人
総ての国の国民は、一人も残らず地球人である

吾々は無意識に地球人という意識を共有する集団
肌・言葉・習慣の違い、教育の違いがあっても
地球からの恵みを得て、地球と共に生きる
地球から離れては生きられない

そんな私たちの万古不易《ばんこふえき》の真理は
民主主義でなく　社会主義でもなく
地球民族主義でなければならない

３００年後を想う時、それは「今を大切にすること」
今を大切にし、この瞬間を大事にするからこそ明日があり、
今の一瞬の積み重ねが３００年後に結び付く
私はそう信じて疑うことはない

３００年後は、今の今、今日のこの瞬間から始まり、
今こそが３００年後の最先端なのだ
私はそう理解し、信じている

◇久米

脳髄が破裂、九死に一生を得て

それは余りにも突然の出来事だった。中学2年生の久米信廣の頭の上に、一抱えもあるような石が落ちてきたのだった。その瞬間、もちろん久米は自分自身がどうなったのか全く記憶が

残っていない。後から聞いた話では、落下してきた石によって頭を割られ、脳髄が破裂していたのだそうである。

徳島県石井町の田舎町で育った久米は、その日、中学の仲間たちと近くの山に入り、上と下の陣地取りのような遊びをしていた。お互いの宝の石を手にするというたわいのない遊びである。一方は山の上の方に居場所を置き、久米たちは下の方に陣取った。

相手に見つからないためには、自分の身を隠す必要がある。久米とその仲間は木陰や、草の陰に隠れ、そしてうまく隠れながら相手に近づき、宝を手にするのである。手にすると言ってもタッチするだけでよい。久米は、樹木の間をぬいながら、相手の方に一歩一歩と近づいていった。

そこに身長の2倍ほどの高さの崖があった。久米はその陰に一時的に身を潜め相手の動きを確かめていた。崖の下なら、上からは人の姿は見えない。ところが、上の誰かが、崖の下に誰もいないと思ったのか。別に悪気があったわけではない。そこに久米がいることにも気付かず大きな石を転がした。その石が、突然落ちてきて何と久米の頭を直撃したのだった。

どうやって病院に担ぎ込まれたのか本人は全く知らない。あるいは、そこが病院のベッドの上だったかそうでなかったのかも分からない。何時間か何日間か眠り続けていたに違いない。真っ暗闇の向こうの方に、小さな穴が開いて、そこから光が差し込んできた。すると、その穴から母親（久米富美代《ふみよ》）の声が聞こえてきた。

「ノブヒロちゃん、ノブヒロちゃん」と名前を呼ぶ声だった。

彼は、何とか母に返事をしようとした。しかし、光は消え再び辺りは真っ暗な闇の世界に戻ってしまうのである。

しばらくすると、また闇の向こうに穴が開いてそこから光が差し込み、「ノブヒロちゃん」という母の声が遠くから聞こえてくる。そんなことが何回か繰り返された。おそらく、光が見えた時はまだ生きている時であり、光が消えた時は生命が途切れそうになった瞬間だったのかも知れない。生死の間を彷徨っていた。でも久米は奇跡的に生き延びたのだ。

気が付いた時、病院の酸素マスクのテントの中にいた。久米はよほど運のいい人間なのだろう。大きな石が頭を直撃し、頭蓋骨が割れて中で脳髄が破裂するという重傷を負った彼は、救急車に乗せられて徳島大学病院に運ばれていた。そこには、名医として名高い脳外科医の権威・田島先生がおられたのである。田島先生は翌日にアメリカへ出張される予定だったそうである。ところが、その前夜にもかかわらず、手術をしてくださったのだ。

病名は「脳底骨折・脳髄破裂」である。手術は2回、延べ20時間に及んだ。まず初めは頭蓋骨を切り取り、血と石や泥を洗い流し、レントゲンで骨折部分の型をとり縫合。それから、もう一度、用意できたプラスチックの仮頭蓋骨をかぶせ接合するというやり方だったとか。このため、今でも久米の頭には大手術の傷跡が時を経てもうっすらと残っている。

手術が成功し、その後は後遺症もなく、久米は今日まで元気で過ごしている。まるで不死鳥のごとくである。ただ、本人は「後遺症はない」と思っているようだが、他の人に言わせると「そんなことはない。久米の今の性格と行動こそ、事故の後遺症によるものだ」と揶揄《やゆ》されることがよくあるという。

確かに、この事故の前までの彼は、気弱で赤面症だったそうだ。人前に出ると顔が真っ赤になり、恥ずかしさに気後れしてしまうのだ。ところが、退院してからは、生徒会会長に自ら立候補するほど積極的な物怖じをしない性格に変わっていたという。

70歳を前にする久米の行動はいつも電光石火である。昼間はじーっと自分の席に座っていることはない。落ち着かないというよりも、ともかく行動が先に立つ。何かことを起こすにしてもやることが決まれば「ゆっくり手順を踏んでから」ではなく、まず動き出す。「当たって砕けろ」が久米の信条の一つである。一見すると猪突猛進に見える。いや、実はその通りなのだろう。久米は「走る前に考える」「走りながら考える」「走り終えてから考える」の3パターンがあるならば、明らかに「走りながら考える」人だ。

自分がもし間違えていると気が付けば、元へ戻るか、そこからコースを変えればいいと言うのが久米の考え方だ。行動を起こす前に考え過ぎるとそれだけで疲れ、やる気を失う。結果はどうあれ「出たとこ勝負！」「とにかくやってみる」。これが久米の生き方なのだ。「怖いもの知らず」の「風雲児」である。「失うものは何もない」「人生一度きり」、この身軽さが久米の行動力を支えている。

何故RBAIが中国と交流をするのか

ＲＢＡインターナショナル（ＲＢＡＩ）は、日本不動産野球連盟に続き第三企画の久米信廣が創設したＮＰＯ法人だ。１９８９（平成元）年より青少年の健全な育成と地球人輩出のための国際交流を行うＮＧＯ（非政府組織）として活動を開始し、２０００（平成12）年に特定非営利活動法人のＮＰＯ法人となった。ＲＢＡは、Reform By Action … Change for the better を略したもので、「行動によって再生あるいは刷新を行おう」という意味を表している。第三企画とＲＢＡは車の両輪である。

久米の動きは素早い。１９９４年から「ＲＢＡ世界子ども会議」を開始。第1回は、徳島県にオーストラリア・ゴールドコースト市長夫妻、モンゴル・ウランバートル市長夫妻、日本、オーストラリア、モンゴル、タイの各国小学生を招いて、平和について語り合い、白熱の議論を交わした。

２００1年6月には「RBA世界子ども音楽祭」開催（サントリーホール）のため、イギリスWorth Schoolより聖歌隊を招聘《しょうへい》し、後援国モンゴル国文部省より国会議員2名をはじめイギリス大使館、タイ大使館、ユーゴスラビア大使館など33ヵ国60名の大使家族を招待した。また、同年には「第3回　コソボの子どもたちのためのチャリティコンサート」で、ユーゴスラビアよりベオグラードトリオを招きトッパンホールで開催している。

ＲＢＡＩは中国との交流にもいち早く取り組んできた。２００１年12月には北京大学との学術交流プロジェクト打ち合わせのため同大学の教授ら２名を日本に招聘した。今日でこそ、中国はアメリカに次ぐ第二位の経済大国となったが、戦後長い間、経済的に格差が酷い貧しい国だった。その一因に日本が同国とかつて交戦した不幸があったことを忘れるわけにはいかない。だから、久米にとって、「日中平和交流」こそ、両国の未来のために絶対にやらねばならぬ最大の課題であった。

2001年、Worth Schoolの聖歌隊を招き「RBA世界子ども音楽祭」をサントリーホールにて開催

これは、２０１３（平成25）年に中国で開かれたＲＢＡ日中野球友好交歓会における久米信廣の挨拶の言葉である。久米のＲＢＡＩについての考えを知ることができよう。

――皆様こんばんは。本日はご来場いただきありがとうございます。また中国人民対外友好協会の皆様には長い間いろいろとご指導いただき、今回の訪中を実現することができました。ありがとうございます。北京大学付属小学校、清華大付属小学校の皆様もご協力いただきありがとうございます。

本日は何故ＲＢＡが中国と日本との交流をするのかを話させていただきます。

私は小さい時、天国と地獄の話を聞きました。天国と地獄は全く同じ世界だそうです。机の上に美味しそうな食物が山盛り乗せられています。天国も地獄も、それを食べるお箸は２ｍくらいあるそうです。地獄の方々はそのお箸を使って我先に自分が食べようとする。しかし、箸が長すぎて食べられません。食べられないから、自分のところに食べ物を取ろうとみんなが奪い合いをする。だから地獄の人たちはみんな痩せ細ってしまい、絶えず言い争いをしている。そんな世界です。

一方、天国は同じような世界ですが、長い箸を使って自分ではなく相手のみんなに食べさせようとするそうです。だからみんなが仲良く楽しく食べることができ、ふくよかな体をしている。それが天国です。地獄と天国との違い、その話を私は未だに忘れることができません。

今、この地球は「温暖化」という恐ろしい病気にかかっています。私たちと同じように、地球には命があります。その地球を１９５ヵ国の人々で争って奪い合ったら地球は死んでしまうかもしれない状況にあります。ですから、今こそお互いの国が長い箸を使って相手を思いやり、お互いに食べさせてあげるという気持ちになることが大切だと思いました。

西洋の作家に、サン＝テグジュペリという人がいます。代表的な作品に『星の王子様』という話があります。その話の中に「大人になっても童心を忘れないでいるのが、本当の大人」と書かれています。

だから私は子ども時代の純粋な心、思いを忘れてはいけないと常々言っております。皆さんから見て私の身体は外見的には大人です。でも私の心は子どものままです。年を取った子どもですから、中国の子どもたちと交流することによって、自分たちが経験してきたことを生かしていただこうと努力しております。

孟子の言葉に、「天の時は地の利に如かず、地の利は人の和に如かず」という言葉があります。一番大事なのは、〝人の和〟です。私たちRBAは子どもたちと手と手をとって、子ども心にかえって、みんなで協力しあって仲のいい地球をつくろうとしています。

今年も北京大学付属小学校・清華大学付属小学校の皆様と力を合わせて大会を運営することができました。来年もまた来ます。また会いましょう。

久米は「300年後の子どもたちのために」を考え、公害のない平和な世界の建設のためにNPO法人RBAIを創り、切れ目のない活動に奔走しているのである。

RBAは自分を変革すること

久米は『RBAタイムズ』(2013・11　327号)に次のような思い出話を書いている。

——1989(平成元)年に日本不動産野球連盟RBA野球大会がスタートしました。当時の世間は、私が考えていることをいくら真剣に訴えても、なかなか分かってくれませんでした。故に、「論より証拠」とひたすら運営に徹しました。まさに実験証明でした。

私は日々の業務である第三企画の経営ともう一方のＲＢＡ（Reform By Action … Change for the better）の活動に全力を投じる決意をしたのです。その時から、第三企画とＲＢＡは表裏一体となり、会社もＲＢＡも「見るもよし、見ざるもよし、されど吾は咲くなり」の姿勢で当たることとなりました。

とはいえ、現実は社員との間にある考え方の隙間を埋めることはできません。「ロバを水飲み場に連れて行くことはできるが、ロバに水を飲ますことはできない」と言います。確かに、社員に強制的にやってもらうことはできます。しかし、根本からその人の行動を変えることはできません。言って聞かせ、教えてやらせようとしても無理なのです。水飲み場に連れて行くことは水を飲むことと別次元のことだからです。

人は知らなければ信じない、動かないという一面があります。それは「知らない事」は「信じられない事」だからとも言えます。だからロバでさえ水飲み場にはついて行くけど、飲みたくない水は飲みません。水は飲まなければその味を知ることはできません。だから信じることができません。だから飲まないのです。

この知らなければ、信じない、だから動かないという人間の行動のパラダイムの転換作業を、まず自社から始めました。それがＲＢＡ活動の使命だと考え、行動してきました。ところが実は、社員を変える以前に、誰よりも自分を変えること、すなわち自分が変わる作業だったのです。ここからRBAは私にとって「世の中の変革」ではなく、「自分の変革」を推し進める活動となりました。

「自分を変えること、それは生き方を変えることである」との気付きは、朝起きる起き方、食事の仕方、仕事の仕方等々、私に「生活習慣」を変える日常へと昇華させてくれました。

私はこの世界に〝バタフライ効果〟があると信じます。カオス理論では、「北京で蝶が羽ばたくとニューヨークが嵐になる」と譬《たと》えられていますが、初めのわずかな力でも、時間とともにその影響は拡大して、結果に大きな違いをもたらすというのがバタフライ効果です。

ですから、私は私自身の習慣を変え、行動を変え、人生を変えることができれば、それが世界を平和にし、人類の300年後を創る——そう信じているのです。

人間とは何か？

果たして自分から「私は人間である」と言えるものなのか

それとも全く別のものとしての「人間である」のか

そもそも人間という言葉自体、一人の人から出たものではない

時間を共有する複数の人たちによって初めて出現を許された言葉

それが「人間」だった

人間は単独で成立するものではなく共同体でこそ成立する存在
そして人間は共同体から認められた者だけに許される存在になる
いわゆる人間とは同胞から認められた証の呼称である

その証拠に、第二次世界大戦時におけるドイツ帝国では
ユダヤ人はナチスから人間として認められなかった
故に、ガス室という残酷な出来事が起こったのである

ドイツ帝国という共同体に承認されなかったユダヤの人たちは
人間として認めてもらえないばかりか、存在をも認められなかった
この事実は余りにも悲惨な歴史的事実である

しかし現代社会においても然りである
学校におけるいじめ問題だけではなく　会社内部における勢力分布
政界における派閥・政党分布　大きくは国家における成立要因

内部に潜む非人間的な想いとは、「我執・我欲・我利」
その非人間的な想いに克《か》つこと、それこそが第三の人間
「第三の人間」とは生物として生まれ、知的野生との闘いに克つ人

文化を文明とし時間的空間的に発展させ
300年後に向けて人間史として紡いでいく生き方
それこそが「第三の人」（第三企画の人間）としての生き方である

◇久米

久米の呼び掛けで2002（平成14）年7月には東京・代々木の青少年オリンピックセンターにおける「第1回 RBA国際学術交流平和会議」が開催された。北京大学、モンゴル国立大学、タイのチュラロンコン大学、ユーゴスラビアのベオグラード大学、モスクワ大学、明治大学など から錚錚《そうそう》たる学者が参加した。また、その年の10月には北京大学で「RBAアジア中小企業研究会」が設立された。日本からは「中小企業論」「協同組合論」の第一人者である明治大学政治経済学部長・経済学博士の百瀬恵夫教授が出席し、座長を務めた。

もっとも、こうした学者が集う国際的学術交流が始まると、ドクター（博士号）の称号を持たない久米は主催者側でありながら議論の輪から外され存在感が次第に薄くなるばかりか次第

に疎外感を味わうようになっていく。

そこで久米は一念発起。50歳を越えてから明治大学の大学院（政治経済学研究科博士後期課程）、伊藤正昭教授および百瀬恵夫教授の門を叩き、厳しい指導を受け２００６（平成18）年に経済学博士号（ドクター）を取得したのである。

おそらく、日本の中堅・中小企業の中で工学系を除いて、経済学博士の称号を持つ社長・経営者は非常に少ないはずだ。久米は今、企業経営者としての長年の経験を踏まえ、ケインズ経済学から始まった欧米流の近代経済学から一線を画したいわゆる「経世済民《けいせいさいみん》」を旨とする日本古来よりの経済学を世に広げるべく新たな勉強会発足をＲＢＡＩ活動の一環として検討している。

「第1回　RBA国際学術交流平和会議」
(2002年7月　東京代々木・青少年オリンピックセンター、前列左から3人目が百瀬恵夫先生)

「経世済民」とは中国の古典に登場する言葉で、「世を経《おさ》め、民を済《すく》う」ことを意味する。急速に進む日本における「格差社会」「貧困化」「少子高齢化」にどう対処すべきか、久米は迫りくる日本の子どもたちの将来における危機を憂いているのだ。

心に響いた「雨ニモマケズ」

１９８０（昭和55）年1月、29歳にして久米信廣が創業した第三企画は不動産会社を主な得意先にする広告の企画・製作・印刷を行う、わずか7人でスタートした会社だった。創業時は東京都中野区中野を拠点とした。ここに借りた手狭で古びた戸建の本社は、ＪＲ中央線の高円寺駅から少し歩いた線路脇の小さな木造2階建。安い家賃だけが魅力と言えた。久米が大学時代にアルバイトをしてお世話になった不動産屋の社長が探してくれた物件である。だが直ぐに手狭となり１９８３（昭和58）年には本社を中野区新井に移転。さらに１９８４（昭和59）年には、仕事の順調な伸びに伴い株式会社第三企画を設立、１９８６年には本社も中野区大和町の新築ビルへ再移転に踏み切った。

「大和町《やまとちょう》」という町の名も久米は気に入っていた。「大和《やまと》は　国のまほろば　たたなづく　青がき山ごもれる　大和し美《うるわ》し」という倭建命《やまとたけるのみこと》（＝日本武尊《やまとたけるのみこと》）」が詠んだとされる日本の原点とも言える大和（奈良県）と同じ地名だからだった。

久米は日本の伝統・自然・文化・道徳をこよなく愛する男である。久米は天皇制の信奉者でもある。高円寺・中野・新宿・青山と都心を目指してオフィスを移し、そして現在は丸の内に本社を置くに至ったのは、丸の内が天皇陛下のお住まいがある皇居を前にしているからなのだろう。丸の内とは「城の内側」を意味する。しかも久米は日本伝統の道徳観「武士道」を手本とする生き方をしている。

会社を創業するに当たっては、塾経営をしていた頃に、家庭訪問を行い、そこで見聞した子どもにとっていかに家庭の存在が大切なのかが頭に浮かんだことも、久米が不動産関連の仕事に目を向けそれを選んだ理由の一つである。「子どもたちが素直にスクスクと育つには、円満な家族と安心して暮らせる家が大切。それぞれの家庭にふさわしい家を探し、それを手に入れるお手伝いをしよう」――。こうして誕生したのが第三企画だった。

１９８０年前後と言えば、日本は2度のオイル・ショックを乗り越え、気が付かないうちに欧米に追い付き、少なくても経済面ではまさにドイツを抜きアメリカに次ぐ「超大国」に躍り出た時代でもあった。鉄鋼、アルミニウムなどの素材産業と共に、船舶、自動車、テレビなどの工業製品が軒並み高い成長を見せていた。さらに80年代に入ると、今度はパソコン、ＶＴＲ、そして半導体などが日本製品の戦列に加わってくる。

一方、地価が高騰した影響で、新築マンションの平均価格が１９７３（昭和48）年に初めて１０００万円を超え、住宅・都市整備公団が開発を始めた「多摩ニュータウン」などニュータウンが各地に開発されていった時代である。この住宅ブームは、１９８０年代に入っても止まるところを知らなかった。「職住近接」が謳われ、都心部に近い高円寺とか中野駅周辺はマンションや戸建てへの需要が旺盛で、その環境下において第三企画設立の狙いは決して的外れではなかった。

当時の久米は大学を卒業したものの就職先が決まらず、生活の糧をどこで得るかが喫緊のテーマになっていた。ただ、久米は学生時代に宝石商・駄菓子の無店舗販売・ステレオのカタログ販売・学習塾などを経験している。アルバイトで魚屋さんとか不動産屋さんの仕事も手伝っていた。したがって、商売に関する嗅覚にはそれなりに自信があった。

もっとも、その頃は事業を始めることに夢中で、「世界の平和のために」との16歳から持ち続けてきた大志を心の中から置き忘れていたことは否めない。第三企画と共にＲＢＡを車の両輪とすべく生み育てる案が何とか軌道に乗り、それからようやく自分が16歳の時に立てた人生の志「僕は世界の指導者になる」との決意を思い出したのだった。久米は次のように振り返っている。

僕は小さい頃、かっこいいものに憧れた。それは今も続いている。
洋服も、車も、考え方も、振る舞いも、数えればきりが無い。
いつの時代も、老若男女を問わず、人はかっこいいものに憧れ、
習い、真似る生き物である。

徳島県で生まれた僕は、16歳の時に
「世界平和に貢献する世界のリーダーとなる」と誓った。
その想いは今日まで些かも揺らいでいない。
少年時代は両親には反発しつつも、生きる根幹となる多くの教えを享《う》けた。
僕の生き様は両親から得たものだ。

僕はある時、一人の大人として責任を感じ、それに応えるため決心した。
後に続く子どもたちに「かっこいいな」と言われる人になってやるんだと。
僕は全力で理想を語った、夢を語った、ビジョンを語った。
「自由に使える資金があれば、僕なら中東問題を解決できる。だから、
資金を用意しよう、そのために懸命に働こう」と。

日々の仕事への全力投球が始まった。
僕の世界平和への想いを実践するには、第三企画の経営とＲＢＡの活動とが、
クルマの両輪の如く同時にうまく回転してくれてこそ成り立つと考えた。
しかし、そんな考えとは裏腹にくる日もくる日も難問との出合い。
出口の見えない暗闇の道、道、そして道。

苦しみ、悩み、もがき過ごす一日一日。
この一日は、何のためなのか！　世界の平和のためではなかったのか。
数えられないほど、何度も自分に問い質した。
でも、そんな心身が疲れ果てていた時、負けそうになっていた時、
挫けそうになっていた時、心に湧き上ってきた言葉、言葉、言葉…
それが宮沢賢治の『雨ニモマケズ』だった。

雨ニモマケズ 風ニモマケズ
雪ニモ夏ノ暑サニモマケヌ丈夫ナカラダヲモチ
慾ハナク 決シテ瞋《いか》ラズ
イツモシヅカニワラツテイル
一日ニ玄米四合ト 味噌ト少シノ野菜ヲタベ
アラユルコトヲジブンヲカンジョウニ入レズニ
ヨクミキキシワカリ ソシテワスレズ
野原ノ松ノ林ノ蔭ノ 小サナ萱ブキノ小屋ニヰテ
東ニ病気ノコドモアレバ 行ッテ看病シテヤリ
西ニツカレタ母アレバ 行ッテソノ稲ノ束ヲ負ヒ

南ニ死ニサウナ人アレバ　行ッテコハガラナクテモイヽトイヒ
北ニケンクヮヤソショウガアレバ　ツマラナイカラヤメロトイヒ
ヒドリノトキハ　ナミダヲナガシ　サムサノナツハ　オロオロアルキ
ミンナニデクノボートヨバレ　ホメラレモセズ　クニモサレズ
サウイフモノニワタシハナリタイ

心に響いた。
「負けるな信廣　君に負けはない　だから顔を上げろ　胸を張れ
君には君にしかできない役目があるんだぞ」
そう話しかけてくれた　そう励ましてくれた。

それからの僕にとっての『雨ニモマケズ』は、
「ほめられもせず　苦にもされず」となった。
しかし、第三企画とＲＢＡという二つの事業が
何とか軌道に乗るに至るまでには来る日も来る日も
難問との遭遇が絶えなかった。

久米信廣・第三企画社長

諦めてはいけない。「闇の中に光がある」「不撓不屈《ふとうふくつ》の精神」こそ

未来をもたらすと僕は改めて未来を見つめ直して燃えた。

◇久米

これが、創業期を思い起こした久米の言葉である。創業以来今日に至るまで、その間にはバブル期もあり、バブルの崩壊やリーマンショックも経験した。それでも、不況の大波を乗り越え、第三企画もＲＢＡも40年近く元気にこれまで生き残ってきた。

久米は、朝礼や早朝の理念勉強会で社員に多くのメッセージを発信している。その話はどちらかと言えば世間の常識とは異なり、まとも過ぎるのかも知れない。今どき厳し過ぎるという意味で〝脱常識〟的である。ここで言う「まとも」とは「純粋」とか、「けがれがない」「清潔でさわやか」との解釈だ。

その意味で、久米の行動・言説は「久米的」とか「久米適」ともいう。この魑魅魍魎《ちみもうりょう》の世界の中では、見方によれば、ひたすら理想に向かって走り続ける久米は「一種の変わり者」「こだわりの人」「個性的な人」しかも「楽しい人」「愉快な人」である。それが久米の大きな魅力であり、希少価値のある隠れた人物として突出した存在と言えるのである。

　ほとんどの企業経営者が自分自身の栄達や会社の利益極大化を目指すのに対し久米は違う。彼は、これまで「世界平和のために」「300年後の子どもたちのために」「人の前に明かりを灯す」ことに、長い間、我身を削って「利他《りた》の心」で全力を投じてきた。こんな男が他にいるだろうか。寡聞《かぶん》にして耳にしたことがない。

「日蒙中伝統舞踊交流会」の意味

「すべての子ども、すべての人を幸福にしたい。300年後に生まれ来る子どもたちを幸福にしたい」「世界の平和のために」――。すべてはここから始まった。そしてそのための第三企画およびRBAIによる車の両輪の具体的行動は途切れることはない。

　2002（平成14）年、RBAIはタイのバンコク市・ラジャマンガラ工科大学で「RBA世界子ども絵画展」を開いた。テーマは「平和・夢・希望・挑戦」である。そこにはタイ、中国、ユーゴスラビア、モンゴル、ロシア、イギリス、オーストラリア、日本の8ヵ国をはじめ世界40ヵ国から子どもたちの絵画が展示された。

　RBAの活動は実に多彩である。中国人民対外友好会（対友協）とRBAIの共催による「中日茶道・生け花交流展」が2003（平成15）年より始まり、同年には「RBAアジア中小企

日中韓服装展示交流会（北京）

業研究会例会」が3度にわたって開かれた。翌２００４（平成16）年にはＲＢＡとユネスコとの共同で「ＲＢＡユネスコアジア中小企業講座」がモンゴル・タイで開設された。同年9月には「第１回ＲＢＡ野球北京親善訪問団」の訪中が実現している。

さらに２００５（平成17）年には、モンゴル国立大学で「ユネスコ・第三企画 中小企業講座」を開講。同年、ユネスコと共催で「ＵＮＥＳＣＯ／ＲＢＡ世界遺産子供絵画展・ｉｎマカオ」を開催。２００６（平成18）年にＲＢＡ新書『現代日本文明論』発刊。タイ・チュラロンコン大学で「ユネスコ・第三企画中小企業講座」が開講された。２０１３（平成25）年には日中平和友好条約締結35周年記念スポーツ交流のためＲＢＡ日本代表チームが訪中。このような国際交流活動は毎年実施されている。

その他にも、２０１４（平成26）年には、埼玉県立越谷総合技術高校と第三企画・ＲＢＡＩは共同で、同校の2年生約２７０人を対象にした「インターンシップ事前授業および事後授業」を行ったほか、韓国・大邱《テグ》大学とＲＢＡＩは協力して国際交流に当たることを確認した。調印式には日本側からは久米紀美ＲＢＡＩ事務局長ら４名が出席、大邱大学からは金徳鎭副総長はじめ主要メンバーが列席した。また、２０１６（平成28）年には、北京で「日中韓服装展示交流会」を開き、中国国内で「東方神韻（東洋の神秘的な趣）」として話題を呼んだ。

久米は大真面目に自分を変えることに徹する生き方をしてきた。久米は酒を一滴も飲まないし、若い時から夜遊びに出かけることもなく一心不乱に国際交流に取り組む真面目な生き方を貫いている。経営者になってからも多方面にわたる書を読み、知識を広げてきた。

久米は２０１７年９月23日、モンゴル国ウランバートル市「中央文化宮殿」で開催された「日蒙中伝統舞踊交流会」（主催：特定非営利活動法人ＲＢＡインターナショナル）に、次のような言葉を寄せている。

◇人類は、親と子の共働作業により、歴史を積み上げてきました。すべて人間は子どもであり、大きな子どもか小さな子どもかの違いがあるだけだと、私どもは考えます。私は、子どもたちの肩には世の中の「未来」が重たく負わされていると、常々感じています。そんな子どもたちに未来の不安を与えたくない、一人も戦争で死なせたくない、と常に考えています。

利益一辺倒の世の中で、いくら「平和」を、「戦争の恐ろしさ」を言葉で訴えても、今この時だけを満たすこと、若い力を消費することに精一杯の子どもたちに、戦争の恐ろしさを心

日蒙中伝統舞踊交流会のフィナーレ
＝2017年9月、ウランバートル

から感じてもらうことにはつながりません。だからこそ私たちは、近隣３ヵ国が伝統舞踊を通じ、全身で互いを理解し合う場として、この交流会を計画しました。

日本のことわざに「遠くの親戚より近くの他人」があります。私はこのことわざを通じて「お隣様と仲良く暮らすのが、幸せの第一歩」だと母から教わりました。現に私の郷里では、近隣10軒がお互いに助け合いながら、楽しく愉快に暮らしています。「近くの他人」と仲良くできない人たちは例外もなく不幸になっています。

「遠くの親戚」ではなく、大切な、重要な「近くの他人」の皆様の力をお借りし、今日この日を迎えることができたのです。まさに、「日蒙中伝統舞踊交流会」の開催は、「近くの他人」３人が力を合わせた「善意の連帯の結晶」です。心から感謝を申し上げます。

これからも仲間とともに、人の前に明かりを灯す活動をしてまいります。我が人生を投じてまいります。皆様、これからもよろしくお願いします。本当にありがとうございます。◇久米

この「日蒙中伝統舞踊交流会」の開会式には、各国の舞踊関係者１３０名をはじめ、ＲＢＡクラブモンゴリア代表であり人事院人事官のバルダン・バータルゾリッグ氏、対友協李希奎秘書長、在蒙中国大使館楊慶東大使、蒙中友好議員連盟サンジミャタブ会長、蒙日友好議員連盟スミヤバザル会長らが出席した。

バータルゾリッグ氏は「歌や舞踊でお互いに語らい、人間という気持ちを共有できるのが素

晴らしい」と語り、李氏は「中日蒙伝統舞踊交流会の開催は、3ヵ国の人々がお互いに通じ合うような伝統文化の雰囲気の中で友情を深めていくことを促進する」とその意義を述べた。久米はこの交流会開催に大きな役割を果たしているが、その目的についてこのように話している。

◇私たちの暮らす日本では、グローバル化に伴い、長い歴史の中で先人たちから受け継がれてきた伝統が、衰微しています。世界を見渡せば、グローバル化のもたらす問題が多発しています。地球を市場経済が覆《おお》い尽くし、消費社会化が進み、消費文化がそれぞれの国の「らしさ」を奪って、人々の精神生活を引き裂いています。この地球上の地域・国・民族の、それぞれの伝統が、置き去りにされてきていると感じます。

それればかりかこの消費文化は、貴重な地球資源をも争いの対象としています。幸せを求める私たち人類が、生存の基である地球環境問題に苦しめられるという皮肉な結果を招いています。どの国もが、市場経済のもと、欲しいものをむさぼりゆく消費文化を盲目的に信じました。それぞれの国が国民の幸せを求めた結果として、今の世界情勢があります。終わりなき地獄旅です。

私たちの生命は有限です。今こそ改めて「私たちが求める幸せとは」「生きるとは」「働く意味とは」などを問い詰め、吟味し、新たな価値観を構築しなければならない時期に来ています。

　グローバル化という、地球の一部に震源を持つ津波に流されるのではなく、消費文化に侵されるのではなく、世界中の国がもう一度、自国の文化を省み、再認識し、再発見する必要があるのです。

「文化」とは、それぞれの地域、現代では国において「創造された生活様式」であり、地域や国全体で共有される「生活様式」です。「生活様式」とは生老病死に怯えることなく、喜怒哀楽に流されることなく、地域・国全体で共有し、手を繋ぎ合い、支え合い生きていく方法。それは、法律・知識・芸術・信仰・道徳・習慣・慣習・しきたり等々です。

　自国のこれらの文化は、他国と触れてこそ、炙《あぶ》り出されるものです。そこで、「まずは力を合わせてそれぞれの地域に伝わる舞踊の交流を！」との声が上がりました。大変有り難いことに、モンゴル政府、そして中国人民対外友好協会のご理解を得て、この舞踊交流会が実現したのです。

　この交流会を通して、３ヵ国の人たちに自国の文化が再認識されれば、そして交流会がグローバル化の中で市場経済に覆われ消費文化に侵されて現代を生きるそれぞれの国を守る確かな錨《いかり》となれば幸いです。

◇久米

この伝統舞踊交流会では、日本からは徳島県阿波踊り協会所属有名連の一つ「殿様連」が日本三大盆踊りの一つである阿波踊りを披露した。阿波踊りの「連」と呼ばれるグループには、連ごとにそれぞれの物語がある。殿様連には殿様連の物語がある。「暴れ踊り」は阿波武士の生き様を脈々と語り継ぐ戦いの舞だと久米は考えている。

中国からは、上海演劇学院付属舞踏学校生が、優美な舞で客席を魅了した。多民族国家の中国にはそれこそ多様な民族舞踊がある。その中で、「ゴビ砂漠」「逆沙」「花はどうしてこんなに艶やか」など8演目が演じられた。

モンゴルの舞台では、モンゴル国軍中央アンサンブルが五つの舞を舞った。それは、「力強い黒」「絹布」「馬を飼う遊牧民」などモンゴル人の習慣、儀式、生活の特徴をテーマとする踊りだった。

それぞれの国の舞踊が終わると、出演者をはじめ主催者などが再び登壇し、「It's a small world（小さな世界）」のメロディに合わせて肩を組んで歌い出した。そこには国境の壁などどこにもなかった。

第三企画の久米信廣が何故にこうした国際交流にこれほどまで力を注いできたのか。しかもこれからもそれをやり続けると決意している。その背景には、有限の地球において、人類の危機を防ぐにはいかにすべきかに想いを抱いているからである。そのためには、まず「隣の人と仲良く」することが先決だと説いているのである。

ゾマホン・ルフィンさんとの約束

ゾマホン・イドゥス・ルフィン（Zomahoun Idossou Rufin，１９６４年生まれ）氏は、西アフリカ・ベナン共和国の出身である。苦学しながらベナン国立大学（アフリカ文学専攻）を１９８７年に卒業した後、中国へ渡り北京語言文化大学（修士学位）に学び１９９３年に卒業した。

１９９４年に自費留学生として来日し、東京都江戸川区・小岩にある日本語学校に通いながら、工場や語学講師、引越し屋の手伝いなど様々なアルバイトをして生活を送る。生活費を切り詰めるため食事は1日1食で、公園などで水を飲み空腹を紛らわせて生活した時期もあったという。

１９９６年に上智大学大学院に研究生入学、１９９９年に上智大学大学院博士後期課程後期試験に合格するが、その間、ＴＢＳ系列ビートたけし司会の「ここがヘンだよ日本人」という番組に出演する。その際のコメントが好評で、日本でゾマホンの名が知られるようになり、フジテレビ系人気番組「笑っていいとも！」にも出演するようになる。

ゾマホン氏は、ベナンの発展の遅れや初等教育が普及していない現実に、識字率を上げる必要性を痛感し小学校建設を決意。河出書房新社から刊行した『ゾマホンのほん』の印税すべてと、自身のアルバイト等の働きを通して得た私財を投じて2000年4月、北野武氏らの支援を受けてベナンのコロボロルに「たけし小学校」を開校した。

もっとも、子どもの働き手が失われるということで現地の親たちによる暴動が起きたが、ゾマホン氏の「このままだといつまで経ってもこの苦しい生活から抜けられない」という説得に親たちも理解を示し、学校の工事に手を貸すまでになった。2001年4月には同国キカに「明治小学校」、同チャクに「江戸小学校」が開校。2003年9月にはコトヌー市に「たけし日本語学校」が開校した。

これらの学校では、日本語教育を行うだけではなく、文化交流や技術移転などを目的とし、すべて無料で授業を行っているという。また、ゾマホン氏は私財を投じて、日本で医薬品等を安く買い、帰国時などに無償で病院などに配るなど、教育という枠を超えた社会福祉活動も実践した。これらの功績により、彼は2001年に世界最優秀青年賞（国際青年会議所＝JCI）、2002年にベナン共和国の国民栄誉賞を受賞している。

21世紀に入ってからのゾマホン氏は、NPO法人の設立および運営、ベナン共和国第4代大統領ヤイ・ボニのアジア・オセアニア関連大統領特別顧問、駐日特命全権大使に就任。2016年、ベナンの大統領がパトリス・タロンに交代したことに伴い駐日大使を退任し帰国した。

久米とゾマホン氏との出会いは古く、かれこれ20年余りも前の1995年頃になる。久米が駐車場で姪に阿波踊りを教えていると、異国の民族衣装を身にまとい自転車ですれ違う礼儀正しい青年がいた。

久米は思わず声をかけた。国際交流に力を入れている久米のことだからそれは全く自然なことだった。「いつも大変だね！」と久米が言うと、ゾマホン氏は笑顔で「貴方も大変だね！」と逆にねぎらいの声をかけてくれたという。その後も仕事帰りで夜遅く道を歩いていると、たびたび彼と出合った。彼は、働きながら夢に向かって毎日毎日夜遅くまで頑張っていたのだった。

いつの間にか、夜中の立ち話が重ねられていった。民族衣装のゾマホン氏の夢は、「母国に学校を作ること」。日本語で力強く、しかも真剣に多くのことを話してくれた。久米は、「その学校作りに協力させて欲しい」と真剣に答えた。「絶対に応援するから」と話して名刺を渡し、固く一つ目の約束をした。

もっとゾマホン氏のことが知りたくて、久米は「何をやっているのか？」と尋ねてみた。すると彼は、「大学院で学んでいる」と話してくれ、その話に熱を帯びてくる。久米は、自分のことも「50歳になった身で、今、大学院で研究をしている」と明かした。だから「お互い、絶対に自分のゴールに立とうぜ！」と、個人的な二つ目の固い約束を交わしたのである。

夜のとばりの下で街燈の光にも劣らない彼の眼の輝きは、久米の脳裏に焼き付いて離れない。世界には、子どもたちのために頑張っている人がいる！　この現実は、久米が始めたＲＢＡの活動に確固たる裏付けを与えてくれた。

第28回RBA野球大会予選抽選会でスピーチするゾマホン大使＝2016年6月

2013年、ベナン共和国が指名した在日留学生アスマさんの授業料と生活費を4年間にわたり第三企画が支援。左ゾマホン大使・アスマさん・久米信廣

そして、尽きない勇気を与えてくれた。力強い仲間を与えてくれた。

それから十数年が過ぎた。久米が引っ越しをした関係で、その後はゾマホン氏との深夜の会話は無くなっていた。ところがしばらくして、久米は彼の顔をテレビで見るようになった。真剣に話す彼はあれから何ひとつ変わっていなかった。

何も知らない人がテレビに映る彼を見た時、その視聴者は日本に来て夢を忘れ自分のことに夢中になっている人のようだとゾマホン氏のことを思ったかもしれない。しかし、久米はテレビを通じて見る彼の眼があの当時と何ひとつ変わっていないことを確信した。そういう彼を尊敬した。

久米は「僕も負けてはいられない」と自分を鼓舞した。ゾマホン氏の顔をテレビで見るたびに、久米は自分との戦いに飛び込んでいった。そうこうしているうちに、ゾマホン氏の本が出版され、全国的に話題になっていった。

ある日、思いがけず久米にゾマホン氏との再会の機会が巡ってきた。ホテルオークラでの中華人民共和国建国60年記念パーティーの会場であった。久米はＲＢＡ活動を通じた文化交流の関係者として中国側から招待されていた。

「あっゾマホンさん、お久しぶりです」、久米はとっさに時間と空間を飛び越え、声をかけた。だが、前と違って服装に重みが加わっているゾマホンさんに失礼なことをしたのでは！　と瞬間、久米は感じた。その感じは見事的中していた。彼から手渡された名刺には「ベナン共和国特命全権大使」の肩書が記されていたからだった。それでも、久米に笑顔で「また会えましたね」と応じてくれたゾマホン氏は、夜中に街燈の下で熱く話をしていたあのゾマホンさんそのものだった。

日を改めて久米が大使館に伺いゾマホン氏に面会した時、やっぱり時間と空間の隔たりは些かもなかった。直ぐさま国際協力の約束の話になり、話は1秒でまとまった。ゾマホン氏は、変わっていて、変わっていなかった。そのお陰で、久米はやっと約束を果たす機会に巡り会うことができたのである。協力する機会をくれたゾマホン氏には久米の感謝の念は尽きない。久米は心から喜んだ。「本当に嬉しい。めちゃくちゃ嬉しい」と感慨無量を覚えたのだった。

同じ人間として、同じ時を生きる人間として、そして同じ志を抱く人間として、後に続く子どもたちのために生きられる。こんな幸せなことはない。久米はその時、また、一つの約束をした。「ゾマホンさん、僕は頑張ります。一人でも多くの子どもたちの明かりとなれるように…！

これからもよろしくお願いします」と…。そしてその約束はその後もずっと守られている。

1989年にスタートしたRBAの記念すべき25周年記念となる「第25回RBA野球大会」に、ベナン共和国のゾマホン大使は「ベナン共和国大使杯」を贈呈したのだった。

日中韓生け花藝術交流会開催

2016(平成28)年4月26日、韓国ソウルにて第2回日中韓生け花藝術交流会が行われた。3ヵ国の相互理解を深めるのが目的で、第1回目は2015年7月に中国北京で開催されている。第2回は、中国人民対外友好協会、韓中文化経済友好協会、駐韓中国文化院、そしてRBAIが連携して開催した。

開幕式には、日中韓三国協力事務局　秘書長　楊厚蘭公使が主賓として参列し、中国側から中国人民対外友好協会　李希奎秘書長、在韓中国大使館　李珊中国大使夫人、韓国側から韓国文化体育観光部　キムギヒョン国際文化課長、韓中文化経済友好協会　金英愛会長、日本側から在韓日本大使館　佐藤勝公使、RBAI理事長として久米が出席した。

作品試演は、3ヵ国計6名の芸術家により行われた。日本からは、日本華道月輪未生流　久米富美宗先生、松尾清宗先生が実演した。また展示では、作品試演に参加した芸術家の他、韓中文化経済友好協会の生け花委員会専門委員の作品を展示。各国それぞれが特色ある生け花を披露した。

久米は開幕式で「私たち日本人先祖は政治手段としては最低であります戦争という暴挙により、両国の多くの皆様を悲しみの淵に、多くのご家族の皆様を絶望の淵に、そして社会を国家を、挙げ句の果てには世界までもを、混乱の渦に巻き込んでしまうだけでなく、皆様の人生を滅茶苦茶にしてしまったこと、お許しください。心からお詫び申し上げます」と述べ、壇上から降り、深くお辞儀をした。

この挨拶は、中国、韓国の来場者たちから大きな拍手で迎えられた。久米は最後に「他人にかけた迷惑を忘れず他人から受けた恩は忘れないのがＲＢＡであります。そして、私たちと行動を共にする日本人も沢山いることをご理解ください。第２回中国・韓国・日本生け花交流会を機に、これからもこの精神で、人に優しく接して参ります」と締めくくった。

生け花交流会の前後に交歓会が設けられ、第１回目よりも２回目は人

第2回日中韓生け花芸術交流会
＝2016年4月、ソウル

第3回日中韓生け花芸術交流会
＝2017年6月、東京

と人同士の交流を深める機会となり、そして２０１７（平成29）年６月には舞台を東京に移して、３ヵ国の共催により第３回日中韓生け花芸術交流会が盛大に行われた。４年目の２０１８（平成30）年はモンゴルの初参加もあり、友好の輪がさらに大きく花開いた。

高円寺の阿波踊りに出演

「踊る阿呆に　見る阿呆　同じ阿呆なら　踊らにゃ損々」――おなじみ徳島の阿波踊り歌の囃子詞《はやしことば》だ。阿波踊りは、徳島市で毎年８月12日から15日のお盆期間に開催される。江戸開府より約４００年続く日本の伝統芸能で、人口約26万人の徳島市に全国から延べ１２５万人近くの観客が集まってくる。

一方、東京では、毎年８月にＪＲ高円寺駅周辺で「東京高円寺阿波おどり」が行われる。２日間で延べ１６０連・約１万人の踊り子が参加し、１００万人近い人を集める超人気イベントだ。１９５７年に始まった「東京高円寺阿波おどり」の回数は既に60回を超えた。第34回大会から「是非、本場徳島の阿波踊りを東京の皆さんにも見ていただきたい」との趣旨から参加した第三企画連は、徳島の「殿様連」とコラボし、総勢約60～70名が出場する。

数十メートルを一挙に駆け抜ける殿様連の「暴れ踊り」が観客を魅了すれば、徳島出身の連長を務める第三企画の久米信廣が鉦《かね》を自在に操り、久米の弟・正一《まさかず》が「締太鼓《しめだいこ》」で呼応。鮮やかな黄色の浴衣姿の「男踊り」が所狭しと駆け巡る。ひときわ高い歓声が高円寺の夜空を舞う。

第61回東京高円寺阿波おどりで鉦を担う久米信廣（社長）＝2017年8月

締太鼓を鳴らす弟久米正一（専務）

第61回東京高円寺阿波おどりでの殿様連による暴れ踊り＝2017年8月

高円寺南口の阿波おどり館

阿波踊りの各連にはそれぞれの「物語」がある。本場徳島の阿波踊り有名連の「殿様連」に息づく物語は、帳尻合わせの「後付け物語」ではなく阿波武士の生き様という確固たる「信念の物語」がそこにある。阿波踊りには、暴れ踊りが豪快な男踊りと、しとやかで流れるような女踊りとがある。二つの踊りが静と動の波となり、観客の眼前へ押し寄せる。また、笛を主体とした鳴り物と、踊りとの絶妙なチームワークも魅力。

徳島の伝統ある連をルーツに持ち、かつてその地に武家屋敷が多くあったことから1951年に現名称に改めたのが「殿様連」である。殿様連の男踊りには、手を動かさずに、肩から躍り込んでくる「なんば踊り」、戦いの準備・作戦会議を表す集合して練り歩く「たこ踊り」、そして「いくさ」と、それこそが殿様連を殿様連たらしめる戦いの舞、命をかけた武士の本領を表す「暴れ踊り」である。一方、武士を支える女性の振る舞いを表す女踊りは、決して、派手にならず、下品にならず、おしとやかに品のある手さばきと足さばきが身上である。

武士といえば、「なんば歩き」である。手を足の付け根に添えて動かさずに、肩で歩く。その武士の歩き方を、そのまま踊りに表現して残しているのが、男踊りなのだ。踊るスタイルは、両手を高く上げたまま動かさず、肩と腰で踊る（歩く）。決して手は振り上げたり、振り下ろしたりはしない。ひとたび激しい鳴り物が響くや、それを合図に踊りは一変する。一気に駆け抜け、手は激しく振り上げ振り下げられ、身体は宙を舞い、左右に飛び跳ねる。これが有名な「暴れ踊り」、これこそが武士の戦いの舞である。

昔ある時期、民衆の一揆につながるのではと心配する城代は、武士が阿波踊りをすることを禁止した。政治の都合により、踊ることが許されない時代があったのだ。それでも踊る武士はいた。しかし運悪く見つかった武士は、厳罰に処された。それでも踊る武士は後を絶たなかったという。

その純粋な武士の思いを、忘れることなく語り継ごうという思い、その思いが殿様連にある。武士の歩き方そのものの「なんば歩き」、武士の本領である剣を載せた提灯、そして命をかけた武士による戦いの舞、「暴れ踊り」で武士の思いを強烈に訴えるのだ。

第三企画は日本人の心を大切にする会社である。経営理念は「人の前に明かりを灯す」だ。「世の中を明るくしていこう」が久米の理想と言ってよい。また、ＲＢＡＩは日本の良さ、日本人のあるべき姿を３００年後の子どもたちに残していこうという活動である。東京高円寺は第三企画㈱発祥の地だ。だからこそ、その地で行われる阿波踊りのイベントに第三企画は喜んで参加し、協力を惜しまないのである。

高円寺北口エリアの「RBAプラザ」

RBAプラザの収益金の一部を駐日セルビア共和国大使館に寄贈

高円寺の北口エリアには「ＲＢＡプラザ　ジェニーのギフトショップ」、高円寺南口には「ＲＢＡプラザ阿波おどり館」を置き、地元振興にわずかだが貢献を果たしている。

「私は徳島に生を授かり、徳島で育てられ、徳島と生きています。そして徳島の阿波踊りとともに育ったといっても過言ではありません。私はなんと言っても先祖供養という原点を忘れてはいけないと思います。阿波踊りは「日本三大盆踊り」の一つといわれているではありませんか。盆踊りとしての阿波踊りが発信しているもの、それは〝先祖を大切にするという文化〟なのです。〝先祖を大切にする〟という意思表現、それが阿波踊りです」と久米は阿波踊りへの愛着を語る。

第2章

カゴの中の鳥

「僕が世界の指導者になる」と決意

1967（昭和42）年の夏、当時は高校2年生、16歳の久米信廣はある日、「世界の指導者になる」と決意したという。16歳は多感な年頃である。何かをきっかけに若者の心が突然弾《はじ》け、夢が一気に大きく膨らんだとしてもおかしくはない。もちろん久米は大真面目だった。

久米によれば、その時に自分の目標を口にしたのは「おふくろの影響」だと言う。久米の母親・富美代は、「どんなことでもいいから生きているうちに日本で自分が一番と言えるものを残しなさい」としばしば二人の子どもたちに言い聞かせていた。久米は母のその期待に応え、思いついた目標を母に伝えたのだ。それが、「世界の指導者になる」だった。

高校へ進学してからの久米は時間を無駄にせず大学への進学準備を開始していた。どうせなるなら、医者になろうと考えていた。中学生の時に頭に大けがをして徳島大学病院に担ぎ込まれ脳外科の権威・田島先生による手術で命を救われた経験があり、それで病人を救う医者になろうと考えたのだ。久米は東京大学の医学部コースの理Ⅲを目指した。

他方、徳島地検に勤め国家公務員である久米の父親は、将来、息子を検事にしたいと考えていたのだろう。「国のために働け」「大学は法学部へ行け」と何度も念を押していた。実は久米の父親・富男《とみお》（故人）は、徳島県の貧しい農家の出身で、それも10人兄弟の10番目の末っ子。

大学を出してもらえるほど家は裕福ではなかった。このため、冨男は海軍の軍人（通信兵）になり、戦後は久米家に養子として富美代と結婚している。

冨男と富美代夫婦による久米家は、久米信廣によれば、「オヤジは座布団10枚を持って養子に来たと母から聞かされた」と語るが、その頃の久米家もまた没落した旧家だった。久米の実家は道路に面したかなり広い田んぼの一角に建つ古い格式ある立派な日本家屋である。しかし、その家の周囲の田んぼの持ち主は久米という苗字《みょうじ》だが、親戚ではなく他人が所有している。おそらく、田んぼは売られ、家だけが残ったのだろう。

久米家には二人の息子がいる。長男の久米信廣と、その弟の正一である。正一は次男なのにあたかも長男のような名前が付けられているのは、久米によると「養子に出された時、長男のように思われる名前にしていたからだ」そうである。旧家の名残が濃い久米家では長男と次男は別格に扱われた。後取りになれない次男はやがて養子に出されるかも知れない。その時のために、周囲に「長男だ」と思わせる名前が付けられたという。

第三企画の社章

それはさておき、長男の久米信廣は「動の人」、次男の正一は兄を補佐し陰から支える「静の人」と二人の息はピタリと合っている。現在、第三企画㈱は久米家長男の久米信廣が代表取締役社長、次男の久米正一が取締役専務執行役員に就いている。

実は、久米の実家は旧家でありながら富美代の父親の道楽で田んぼを売って食い繋ぐ有様だったとか。久米信廣の爺様に当る人は、「いくつも勲章を付けた立派な軍服を着て、長いサーベルを身に付けた偉そうな写真が残っているからそれなりの階級の軍人だったのだろう」と久米は思い出す。その爺様は借金の返済や戦後のＧＨＱによる農地改革で土地を取り上げられ没落したらしい。

第二次世界大戦が終わり、平和な時代が来ても久米信廣の爺様は「オレは偉いのだ」という姿勢を改めることなく、自分は「気延山《きのべやま》」という相撲取りの孫であると言いそれをいいことに金遣いは荒かった。それで久米家の身上《しんしょう》を潰したと久米は語る。なお、気延山は久米の家の近くにある標高２００メートル程度の山の名称で、その相撲取りはそこからの四股名《しこな》である。

気延山の麓には「内谷板碑」と呼ばれる石があり、これは義経の家来である武蔵坊弁慶が山頂から投げ飛ばした石だという伝説がある。山頂には三好実休《じっきゅう》の重臣・矢野国村《くにむら》が築城した矢野城跡がある。

それはともかく、久米信廣の爺様は田んぼを売り尽くし、墓まで売ってしまったのだった。墓はその後、買い戻されたが、そこには久米の母・富美代と父・冨男の懸命な努力があったからに他ならない。富美代も華道教室と得意の裁縫で多少の収入を得ていたものの、久米家の稼ぎの中心は冨男によるものだった。

戦争が終わると、冨男は国鉄（今日のＪＲ）に勤務する。やがて努力家の冨男は勉強して公務員試験に合格し検察庁へ移る。そして結婚。信廣と正一の二人の子どもが生まれた。しかも、久米家の再興を託された冨男は、やがて墓を買い戻すに至ったのである。

久米の父親・冨男は役人という仕事柄もあり真面目一徹で無口な人だった。軍隊で鉄拳制裁を繰り返し受けてきた冨男は特に二人の息子に対して言葉より先に手が出た。玄関の靴が揃えて脱いでいないと言っては、久米は父親の往復ビンタを受けた。口を開けば「口答えするな」と言われ、平手が飛んでくる。

久米の実家に近い徳島市国府町の「気延山」

子どもの頃の久米と弟の正一は父親が怖くていつも母親の後ろに隠れて怯えている子どもたちだった。久米も弟も、子ども時代はおとなしく、外に行けば「いじめられっ子」だった。いじめられて家に帰ってくると、「何で泣いて帰ってくるのか。もう一度行って相手をやっつけてこい」と殴られ家から出された。
久米は、頭に大けがをした中学2年生の時、かなり長期間の入院生活を余儀なくされた。ところが、意識が戻り、食事が取れるまで回復してくると、首から下は元気だから退屈で仕方がない。入院中に母親が買ってきてくれたのが欧米の映画音楽のレコードだった。

「第三の男」だとか「シェルブールの雨傘」だとか、素敵なそれらの映画音楽は久米をたちまち魅了した。

しばらく経ち、久米は再び中学に通う普通の中学生に戻った。通学などで家から外に出る時には必ず頭の傷を守るためヘルメットを着用する。久米は当時テレビで流行していた『忍者部隊月光』のヘルメットをかぶって通学していた。やはり、少し変わった男の子だった。そして、中学を卒業すると、徳島県吉野川市内の公立高校へ進学した。そこは県内でも、東大へ進学する者が比較的多い徳島県立川島高等学校だった。

けがが治ってからの久米は、それまでの赤面症でおとなしい性格から、一転してはきはきした活発な生徒に変わっていた。「全身の血液を二回も入れ替えるほど輸血をしたので血液型が変わり、性格まで変わってしまったのかも知れない」と久米は冗談を言う。この時の輸血が後にC型肝炎発症の原因である。

子どもの頃から、何かあると直ぐに殴りつけられた父親から、久米は逃げ回って顔を合わさないようにしていた。徳島地検に勤務する久米の父親・冨男は、息子の信廣には何としても将来、検事を目指してほしかったのである。だからことさら厳しかったのだろう。

ところが、父親の思いに長男の久米は素直にうなずくことができなかった。むしろ、強い反発を覚えた。進学に関しても医者にはなろうとしたが、法学部への進学には全く関心を持てなかった。だから、久米は父親の「法学部へ行け」という命令に密かに反抗した。

ベートーベンからビートルズへ

高校2年生の時だった。音楽の時間に、たまたまベートーベンの『運命』を聴く機会に恵まれた。初めて聴くクラシックの代表的名曲の『運命』。それが久米の魂を激しく揺さぶったのである。久米の目から自然に「涙が流れた」という。

ただ、映画音楽から音楽に興味を持ち始めていた久米にとって、そのベートーベンの『運命』は父親の「法科に行け」とか、自分が言ってきた「医者になりたい」という言葉がひっくり返る恰好の機会になった。「検事・弁護士や医者になっても救える人の数は知れている。しかし、音楽は多くの人々の心を癒すことができる」というものである。そんなところに久米の頭の回転の良さを垣間見ることができよう。

ある夜、久米はラジオのスイッチを入れた。そこには聞いたこともない音色の強烈でインパクトの強い音楽が流れていた。エレキギターによるベートーベンの曲『運命』がまるで久米がスイッチを入れるのを待っていたかのようにラジオから流れてきたのである。学校の教室で聞いたクラシックの『運命』とエレキギターが奏でる『運命』とが久米の中で複合した。

エレキギターの奏者は寺内タケシだった。茨城県出身の彼は、電気屋さんの息子で関東学院大学工学部電気工学科を卒業した通称「エレキの神様」であり、「ギターは弾かなきゃ音が出ない」を座右の銘としていた。日本でエレキギターを初めて作ったのがこの寺内だと久米は語る。寺内は「寺内タケシとブルージーンズ」を結成し、１５００校近い高校を回り、コンサートを開いてもいる。

寺内タケシの弾くエレキギターの『運命』が、久米自身の運命に大きな影響を与えた。寺内タケシに続いて、日本では高石ともや、岡林信康などのフォークシンガーが次々に誕生してきた時期である。反戦歌がブームになっていた。音楽の魅力に取りつかれた久米は、「これは負けてはいられないと思った」という。早速、寺内タケシを真似てバンドを結成した。

それで、久米は一計を案じて、母親に「高校の東京修学旅行には行かないので、そのお金でドラムを買って欲しい」と頼んだのだった。ドラムセットを手に入れた久米は、もう勉強どころではなかった。大学進学などどこ吹く風で、ドラムを叩きまくったのである。

ある日、聞いたことのない英語の音楽がラジオから流れてきた。強烈なリズム、その歌声は電気に感電したような衝撃を久米の心に与えた。「なに、この曲は」…。ザ・ビートルズ（The Beatles）だった。いうまでもなくビートルズは１９６０年代に活動したジョン・レノン、ポール・マッカートニー、ジョージ・ハリスン、リンゴ・スターの４人の若者からなるイギリス・リヴァプール出身のロックバンドである。

ビートルズが初来日したのは１９６６年６月29日である。この年は、日産のサニー、トヨタのカローラが爆発的な人気を呼び、日本の総人口が1億人を超えた年でもあった。カラーテレビ、カー、クーラーの普及が「新三種の神器」と言われ日本社会の豊かさを示していた。

ビートルズのジョン・レノンはこう言っていた。

「好きに生きたらいいんだよ。だって、君の人生なのだから」

「人生は短い。だから友達と争ったりしている暇なんてないんだよ」

「あなたが望めば、戦争は終わる」

久米は、未来に一点の疑いも持つことがなくなった。久米は自信を持って「僕が世界を平和にするんだ！」「僕が世界の指導者になる」と真顔で話すようになった。「誰でも非凡な才能を持っているし、すべての人が美しいんだ。自分がいったい何者なのか、誰かに指摘してもらう必要のある人間なんて一人もいない。あなたは、そのままであなたなのだ」というジョン・レノンの言葉が強烈にその後の若き久米の心に響き背中を押したのである。

普通の若者なら、単にビートルズに憧れるだけのことだろう。しかし、久米は違った。死生の間を彷徨う経験をした久米は「今に生きる」ことの重要性を感じ理解したのかも知れない。ビートルズが当時の若者たちの心を鷲掴みにしたように音楽には「百の説教より一の実行」（A practice is better than a hundred preaches）を超える力があることに久米は気付いた。

他人からすれば妄想にしか思えない夢に久米の心は躍った。医者になるために東大に行くとの考えは急旋回し、「僕は音楽をやる」に路線変更したのである。突然、「ピアノを習いたい」

と言い出した久米に両親が驚いたことは言うまでもない。

しかし、一度言い出したらあくまでも頑固な久米のこと。彼はピアノを習い始め、それに夢中になった。久米が現在でもピアノがうまく、ギターやサキソホンの腕前はプロ級との噂であるが、そうした才能はこの頃から音楽へ傾倒したお陰だろう。歌も上手だし、作詞作曲もする。『顔を上げろ 胸を張れ 君は君』『過去・現在・未来』『人間として』『天命』などは久米信廣作詞・作曲の一例である。


それに文章を書くのも好きだ。久米には『できる人はやる、できない人は論ずる』（ごま書房新社刊）、『久米適と言われるいきかた』（第三企画出版刊）という著書がある他、絵詩集『ひまわりのように たいようのように』などの絵本の作者（詩が久米信廣、絵は白鳥千夜さん）でもある。自らの作詞・作曲でCDも出している。とにかく多才だ。

もっとも、ピアノについては子どもの頃から練習を重ねてきたわけではないのでプロへの道は遠く、途中でレッスンをあきらめざるを得なかった。音楽に限界を感じた久米は、今さら医学部・法学部を目指すというのもおもはゆく、しばらくの間はオヤジの拳固やビンタを避け「夢を胸に秘め」て静かに過ごすよりなかった。

久米が高校3年生の時だった。そろそろ大学進学を決めねばならない時期が近付いてきた頃のこと。ある日、日本史の先生が授業で間違えたことを言ったのである。それに気が付き、久米は「先生の言われていることは間違えています。それは○○ではありませんか」と質問した。ところが、その先生は自分の間違いを認めようとしない。「卑怯な男だ」と久米はそう思ったという。真っ直ぐな心の青年期である。

以後、久米はその教師が信頼できなくなり学校へ行くのが嫌になった。これにより、今で言う登校拒否が始まる。高校3年生の終わり近くになって、学校から久米の親のところに連絡がきた。「貴方のお子さんは出席数が足りないうえ所定の試験を受けていません。したがって卒業ができない」と言うのである。久米の父親が「学校の監督不行き届きではないか」と学校や教育委員会に抗議しても、結局はラチが明かない。

久米は「もう学校に行きたくないので退学したい。それで服飾関係の専門学校へ行く」と父親に告げた。だが、父親は「高校に入ったのだからとにかくそこを出ろ」の一点張り。こうして、久米は3年間で高校を卒業できず、1年留年して卒業するのに4年かかったのだった。

4年生になると同級生はみんな卒業し友達はいない。一人ぼっちだった。留年した恥ずかしさもあり、久米は学校へ行きたくなかった。家出を繰り返した。しかし、その都度警察に父親から捜索願が出され、婦警さんに見つかって家に連れ戻され、父親に殴られる。仕方なく通学せざるを得なかった。

そんな時、新1年生となった可愛い女の子がいた。久米はその子に自分の分の弁当を作ってもらい、自分が母親からもらう弁当代を浮かして小遣いにしていたという。ところが、その娘と久米の弟・正一が同級生で、弁当代を浮かせていることがバレてしまった。久米の小さな恋だったかも知れない。

留年して高校4年目を過ごすようになるともはや医者になろうとの気持ちも急速に薄らいでいた。何故なら、久米の心は完全に音楽に嵌《はま》っていたからである。「芸術の道に行きたい」と久米は恐る恐る父親に告げた。本当は、その頃になるとアメリカの大学に行きたかった。南カリフォルニア大学などの入学願書を久米は取り寄せていた。しかし、公務員の家では息子を留学させるだけの余裕はない。久米にもそれが分かっていた。

父親の答えは、「留学はダメだ。日本の大学を1校だけ受験して良い。受からなければ働け」だった。こうして、久米は日本大学藝術学部を受験し合格、東京に下宿することが実現した。「本当の話、僕は徳島と自分の両親から逃げたかったから東京に出ることに決めた。徳島にいることが嫌で嫌でたまらなかった。自分のことしか考えない人間が周囲に多いことも理由だった。当時、徳島から東京の大学に出てくる人間はまだ極めて少ない時代だ。みんな、大学進学も大阪でストップしていた。しかし、僕は大阪ではなく東京へ行かなければしがらみから逃れられない、自立できないと思っていた。だから、遮二無二東京を目指した」と振り返っている。

公害問題とベトナム戦争に嫌悪感

１９５８年には72％だった日本人の「中流意識」は所得分布の平等化が進み64年にはそれが87％に高まっている。日本の国際的地位は、１９６８（昭和43）年にはＧＮＰで見て西ドイツを抜いて自由世界第2位となった。だが、その一方で、発生した公害問題は１９６０年代後半から大きな課題となる。煙突が林立するコンビナートが各地に形成され、太平洋岸の天然の砂浜は次々に姿を消していく。四日市ぜんそく、川崎ぜんそく、富士市のパルプ工場から流れ出るヘドロ、熊本の水俣病に続く新潟の水銀中毒、光化学スモッグなどが相次いで発生した。

久米が、「市場経済のもと、欲しいものを貪りゆく消費文化」に強い反感・嫌悪感を覚えたのもこうした日本の公害問題にいち早く強い危機感を持ったからに他ならない。

１９６４年8月、トンキン湾でアメリカの艦艇が北ベトナムにより攻撃される「トンキン湾事件」が起こり、以後アメリカ合衆国が大規模に介入した「ベトナム戦争」が勃発する。アメリカにとってベトナム介入は、南ベトナム国家の防衛だけではなく、非共産主義・自由世界の盟主としての面子にもかかわる事態だった。しかし、長引く戦争と「枯葉作戦」（作戦に使われたＴＣＤＤ（ダイオキシン）は非常に毒性が強く、動物実験で催奇形性が確認された薬物）などに見られるアメリカ軍の非人道的軍事行動にアメリヵ国内外から反戦運動が高まっていった。

環境破壊によって汚染される地球、大国アメリカが小国ベトナムを蹂躙する姿などに怒りを覚えた一人の青年が四国徳島県育ちの久米である。世界で一番有名な反戦歌とも言われるフォークソングの『花はどこへ行った』（原題 Where have all the flowers gone?）なども、久米の反戦感情の炎を激しく燃やした要因になっていた。

「このままでは地球は破滅と滅亡以外にない」「何とかしなければいけない」…。「世界の平和のために」…。久米の決心はますます強く固まっていった。

こうして凛《りん》とした青年の純粋で真っ直ぐな想いが、やがて世界平和に本気で貢献することを目指す1980（昭和55）年の第三企画の創立（当時、久米29歳）となり、不動産・建設・住宅業界の繁栄と発展と相互親睦および世界平和への貢献を目的とした日本不動産野球連盟（Real Estate Baseball Association）創設へと繋がってくのである。

さらに久米は2000（平成12）年には青少年の健全な育成と地球人輩出のための国際交流を目的とする特定非営利活動法人（NPO法人）のRBAインターナショナル（RBAI）を誕生させ、理事長に就任した。

ところで、久米は数字の「3」が好きなようだ。会社の名前がまず「第三企画」である。社名に「第一」が付く会社は多いが、「第三」を名乗る企業はほとんどない。『会社四季報』で調べてみた。「第一」が頭に付く会社には「第一生命」「第一三共」「第一屋パン」など13社がある。

これに対し「第三」は「第三銀行」しかない。この第三銀行は、三重県第2位の地銀で、三重県の「三」であり、必ずしも1・2・3といった意味の「第三」ではない。したがって、「第三企画」の「第三」は明らかに珍しく何か特別な意味を持っていることは疑いない。

「第三企画」の以前の代表電話番号は「03－333×－3××3」であった。同社が「3」に拘っているのが分かろう。現在は、本社の管理本部が丸の内に移転したため代表電話として「03－6259－1800」が使われているが、久米は自社やグループ会社のことを総称して「第三ワールド」などとも呼び、やはり「3」の多用が目立つ。第三企画の社員を「第三の人」とも表現する。

「何故、3が好きなのか」と久米に聞いたことがある。久米は間髪を置かず応えた。「弁証法の正・反・合（せいはんごう）の3文字を現している」と。弁証法とは、哲学の用語である。ヘーゲルの弁証法の基本概念の一つに「アウフヘーベン」がある。日本語では「止揚」と表現されているが、その「止揚」に至る過程が「正・反・合」だ。

「正・反・合」とはあるもの（正）を否定しつつ（反）、より高次の統一の段階（合）に進むことを指す。久米は現状を否定しながら、絶えず新次元を求めている。

では「第三企画」の「第三」は、正・反・合により何を期待してその名前を社名にしたのだろうか。誰でも、自分の子どもが生まれると、親の願いを込めた名前を付けるのが一般的だろう。あえて社名に「第三」と付けたことにはそれなりの理由があるはず。久米によると、「この第三とは、アルビン・トフラーのいう『第三の波』に使われた意味と同じく、〝新しく生まれてくる世界〟を表現する言葉」だと言うのだ。

アルビン・トフラーとは、アメリカの未来学者であり、トフラーの著書『第三の波』では、人類はこれまで大変革の波を二度経験してきており、第一の波は農業革命（人類が初めて農耕を開始した新石器革命を指す）、第二の波は産業革命であり、新たな第三の波は情報革命による脱産業社会（情報化社会）が押し寄せる新たな時代の到来だと喝破し、いち早く時代の変革の流れを説いた著書として世を啓蒙したことで知られている。

久米の場合は、一体何を感じ、どのように世界の迫りくる先行きを見ているのだろうか。彼は16歳の時に、「僕は世界の指導者になる」「世界平和のために」と決意した。そして、「300年後に生まれ来る子どもたちのために」との熱い想いを胸にして、「人の前に明かりを灯す」活動を続けてきた。その「人の前に明かりを灯す」とは優しさ、思いやりと言い換えてもいい。

「消費社会」――。久米はこの消費社会にこそ大きな問題があると考えている。「消費社会」とは、言葉を変えれば「浪費社会」と表現しても良かろう。「消費は美徳である」というアメリカの経済学者ケインズ流の発想こそ、実は戦争をもたらす原因であり、平和の敵である。しかも有限の諸々の資源を無駄使いし、環境悪化をもたらしてこの地球上の人間を含めたあらゆる生物の寿命を縮めている元凶だと久米は見ている。だから、この「消費社会」を「浪費型」から

「低消費型」に転換して、さらには「節約型循環社会」にしなければこの地球に未来はないと言いたいのだろう。

久米は「アメリカという国は既に崩壊過程に入っている」と読んでいる。

アメリカは大量生産・大量消費・大量廃棄の国。例えば、その代表がクルマだ。ガソリンをがぶ飲みする大型の乗用車を量産し、その結果、日本の排ガス規制対応の小型車に市場を奪われて今やビッグスリーのうちクライスラーは姿を消し、フォードはまだ頑張っているが、GM（ゼネラル・モータース）も国営化され衰退の一途にある。EVやAI車が米自動車産業復活のカギになるかはまだ見えていない。

しかも、トランプ大統領はアメリカ・ファースト（米国第一主義）を掲げ、高率関税で輸入制限を発動したが、そうした自国中心主義こそがアメリカが行き詰っている何よりの証拠だ。氷河期に恐竜が絶滅したように今の大国アメリカはもはや断末魔の叫びを上げているとアメリカが既に絶滅危惧種としてレッドリストに入ったというのが今や世界の見る目であろう。

だからこそ、久米は世界の国々がアメリカの後追いなどしないようにと、微力ながら国際交流を通じて「世界の新しいあるべき姿」を訴え続けているのである。

「不動産業界の繁栄と発展を通じ、300年後に生まれ来る子どもたちに今以上の地球環境を残しゆく企業経営をもって、人類に貢献する」――これが第三企画の企業理念の底流に流れる考えである。いわゆる経営上ではなく経済上としての使命を持ち続ける心を謳っている。３００年後に生まれ来る子どもたちの生活を安定させるために今の社会をよくするという、社業を通じての心の体現を目指す。世間では「志《こころざし》」と言われているものである。

だが、「何寝言を言っているんだ。そんなことより稼げる仕事しろ！」「平和だの、３００年後だの、君は詐欺師か！」等々まともに相手をしてくれる人はこれまで少なかった。

しかしこの世は捨てる神あれば拾う神ありと言われる如く、第三企画はここまで40年近く生かされてきた。だから、久米は「本当に感謝、感謝の日々である」と語る。「人生、志に適するを貴ぶ」とは張翰（中国西晋の人。才能を見込まれ内陸の首都洛陽の政府高官となった）の言葉である。「人生は想いに従った生き方を尊ぶべきである」との意味だ。

そこで第三企画だが、その理念は、「経世済民」に焦点を当てた志の実現を目指す会社である。略して「経済」と言うが、本来の経済は正しい政治を行い、人々を貧しさ苦しみから救うことにある。現代の世界は貧富の格差が広がるばかりで、庶民の暮らし向きは悪くなる一方だ。そこに久米の憤りの理由がある。だからこそ「経世済民」が久米の使命になっている。

もっとも、ここに至るまで久米の人生はまさに波乱万丈だった。

音楽よりも映画監督を目指す

高校2年になると、「大学は法科へ行け」と命令口調で言う父親の考え方に反発し、久米は次第にグレていく。校内で煙草を吸っている現場を教師に見つかり、母親が学校に呼び出された。先生が母親に「久米は煙草を吸っていた。それを目撃している」と言うと、久米の母親は「信廣が吸っていないと言うのなら、絶対に吸っていません」と応える。このやり取りがしばらく続いた。

教師が久米に向かって「吸ったことを認めなさい」と言う。久米はそのまま黙っていた。煙草を吸ったことを認めると停学処分になる。停学処分より怖いのが父親の鉄拳だった。それに、母親が「吸っていない」と言い切っているのを否定しては母親の立場がなくなる。だから久米は黙って立っていた。結局、母親の言い分が通り、教師は久米に「もう二度とするなよ」と言ってその日は解放された。

家に帰って、母親に謝ろうと思い久米が母の顔を見ると、母の富美代が泣いているではないか。少々のことでは動じたことのない母親が涙を流している。その時、久米は、二度と母親を泣かせてはならないと固く固く決意した。そんなことがあり、久米は「母親というものは何があっても子どもを守ろうとするのだ」と改めて母親の存在を凄いと感じたのだった。

久米は自分の子どもたちが成長してからだが、母の恩について会社で多くの社員に向けて次のように語ったことがある。「自分の子どもがどんな悪さをしても、必ず守る。どんな立場の上の人が相手であっても子どものためなら戦い守る。正義がなくても守る。子どもが病気になれば、〝代わってあげられるものなら、代わってあげたい〟と口にし、自分が寿命を全うした後のことまで心を配る。それがお母さん。これが無償の愛なのだ。このように無償の愛によって誕生し、無償の愛によって育まれた私たちは、意識するかしないかに関わらず、人類の歴史の最先端に生きることができている。それがこの自らの一生なのである。まさに人類史という舞台に繰り広げられる命のリレーと言える」と言うのである。

もっとも、久米の高校時代は煙草事件だけでは終わらなかった。学校へ行くのが嫌になり不登校になっていく。当然、勉強もしなくなる。久米の興味はその頃から急速にフォークソングを中心にした音楽に向かっていった。ドラムを買いバンドを結成した。音楽をやりたいと、母親を説得してピアノを習い始めた。そうこうしているうちに高校3年は瞬く間に過ぎ、遂に出席日数の不足で高校4年生になってしまう。

思うように腕が上がらないピアノから久米は次第に遠ざかるようになり、そのうちビートルズの音楽やフォークソングへの熱も次第に薄らいでいく。だが、新しい発想がまた久米の中に思い浮かんできた。

「そうだ、音楽よりも映画だ」と彼は自分の考えを固めていった。映画は音楽も映像も演劇もいろいろなものを包含した「総合芸術だ」と思い始めたのだった。

日大藝術学部の映画科に入学した久米は、勇んで映画作りに関わることになったのだが、またしばらくするとあれやこれや疑問が頭をもたげてきた。それは、映画というのは、原作者がいて、それを映画化したい人がいて、お金があって映画製作でさらに儲けたい人や会社があって初めて作品になっていくのだということに気付いたからだった。

自分がいかに「こういう作品を作りたい」と考えても、いい原作がなければならないし、いい俳優に恵まれなければいい作品はできない。お金を出してくれる人や会社が「ＯＫ」をしてくれなければ、映画作りは一歩も前には進めない。それで、ここでも映画作りにも限界を感じたのである。自分が作りたい映画は、思うようにならないのだと。

「芸術に本気で取り組むには金がかかる」ことを理解し、「それならば自分でお金を作ろう」と考えた。金を稼ぐには、「まずアルバイトだ」ということで、東京の大日本印刷でアルバイトを始めた。大学を休んで、アルバイトに精を出し稼いでお金を貯めた。

宝石泥棒を疑われ警察に

魚屋さんにおけるアルバイトの稼ぎも加え、ようやくある程度の貯金ができたところで、なるべく高価なものを扱う商売が稼ぎも大きいと考えた久米は、上野・御徒町駅に近い宝石卸店で宝石を仕入れ、それを売り歩くことにしたのである。ここら辺の発想というかひらめきが彼らしく面白い。

しかし、どこにも落とし穴はあるものだ。一人で宝石を売っても、限度があるので、久米は一計を案じ他人に頼んで売ってもらうことにした。当時の久米の純粋さと言うか、愚かしさと言うか、他人を疑わないプラスの面と言うか、マイナスの面と言うのか、とにかく人の良さが感じられるところである。実際、直ぐに痛い目に合う。宝石を預けたその人間は、そのまま宝石を持って帰ってこない。逃げられたのだった。

仕方がないので、それからは自分が持っている宝石を売り歩くのだが、もちろんどこの若造とも知れぬ人間から高価な宝石など誰も買ってくれる人はいない。だんだん生活費に困ってきて、ついに久米は宝石を質屋に持って行き換金し、生活の足《た》しにしなくてはならなくなってきた。

質屋へ自分の宝石をいっぺんに持って行くと、値切られる。そこで、一計を案じて、久米は王子・十条・赤羽と地域を違えて質屋を訪れることにした。そんな日々を送っているある日の早朝、久米の下宿に王子警察から刑事が2人来て、逮捕状を見せられ、即連行されることになったのである。

理由は「学生の分際で、宝石をあちこちの質屋に入れるのは盗品だろう」という訳だ。そう疑いを持たれても仕方がなかった。久米はその日のことを思い出して、刑事の張り込みがいかに徹底しているかに驚いたと語る。下宿先の玄関に一人、裏口に一人、そして窓の下にも一人が待ち構え、2人が部屋に来る。大学生の若僧一人を捕まえるのに5人もやって来たのである。

警察における取調べは、それは厳しいものだった。相当責め立てられた。「何月何日の何時頃はどこにいた」と問われ、久米が「その日は大学で授業を受けていたはずです」などといい加減なことを言うと、刑事は直ぐに手帳を見て「その日は大学に行っていない。赤羽の質屋に宝石を質入れに来ている。嘘を言うな」とか怒鳴られる。しかし、本人は悪いことをしていない。いくら「嘘をつくな」「いい加減に白状したら」と追及されても「嘘はついていません」「悪いことはしていません」としか言いようがない。証人もいない。

ただ、警察で絞られたことにより、久米は「人間は中途半端なことをしてはいけない。善悪をいつもはっきりすることだ」と気付いた。それは人生において貴重な体験だった。

とにかく、警察の調べを受けた彼は緊張のあまり、しばらくは「自分の言いたいことも言えず、ただオロオロするばかり」の状態だった。

しかし、3日目の朝になって、ようやく落ち着きを取り戻し、冷静に物事を考えられるようになっていた。そこで、もう一度自分の記憶の糸をたどってみて思い出した。領収書を保存しておいたことをである。取調べの刑事に「私には、領収書があります。宝石はすべて私が買ったものです」と説明すると、早速、刑事が彼の下宿に行き、領収書と宝石を買った店に確認して、そこでようやく無罪放免になったのである。ただその時も、「何でもっと早く領収書のことを言わなかったのか」と刑事に怒鳴られたことが今も鮮明に記憶に残っている。

その時、強く認識したことは「領収書の力はすごい」ということだった。領収書が、自分の無実を証明してくれたのだ。そのことを以後、彼は肝に銘じて忘れていない。

宝石のような高額商品は売れないけれど、値段の安い物なら売れるのではないかと、久米は次に上野アメ横の現金問屋「お菓子の二木」で駄菓子を仕入れ、それの販売を始めた。仕入れた一斗缶入りの駄菓子を小袋に分けて売るのである。だが、「商売の原点は、安い物を仕入れ、競争相手よりもより安く売ることだ」と勇んで始めたものの、結局、安くても売れないものは売れない。久米は、家庭訪問では売れないため、工事現場を探してはそこで働く職人さんに声を掛けてみた。それは少し手応えがあったが、安定した売り上げに繋がらず結局撤収せざるを得なかった。

そこで、それも早々に撤退して、今度は東京の赤羽にある電気屋さんに行って、「是非、お宅のステレオを売らせて欲しい」と頼み、いわゆるカタログ販売に乗り出した。その頃の一般家庭ではステレオが人気商品になっていた。しかし、お客からの反応は全くなかった。結局は、1台の注文をもらったもののそのカタログ販売も頓挫した。

宝石販売で失敗し、菓子の販売もうまくいかない。ステレオのカタログ販売も空振りに終わった。その原因は一体どこにあるのか。いろいろ思い巡らせたその結果、行き着いた結論は、「人間がいい加減だと何をやってもダメなのだ」ということだった。それからの久米は商売から身を引き、次の仕事を探した。

教えることをしない「学修塾」を始める

話を少し前に戻そう。久米は大学生活を過ごす中で、様々な仕事にチャレンジし失敗を繰り返してその都度反省もしてきた。その反省を踏まえて、自分が成長していることが明らかになるバロメーターは何かということに目を向け、それを探しているうちに「そうだ子どもたちを育てる塾がいい」と久米は思い付いたのである。久米は子どもが好きだ。というより、久米自身が大人の顔をした子どももみたいなものなのである。本人もそうありたいと思っている。子どもの純真な心を大切にしたいというのが久米である。

「私は子ども時代の純粋な心、思いを忘れてはいけないと常々言っております。皆さんから見て私の身体は外見的には大人です。でも私の心は子どものままです。年を取った子どもです。ですから、私の経験などを皆さんに伝えたい」と子どもたちの前で語ることが多い。

第三企画株式会社の前身は久米が大学生の時に始めた小中学生を対象とする子どもたちのための塾である。もっとも、ありきたりの普通の学習塾ではない。〝自習〟ではなく〝自修〟する塾である。勉強は自ら修めないと、身に付かない。だから、久米は「塾では教えることをしない塾」とした。したがって、塾の名前も「自修指導塾」と名付けた。

久米は教えることはできるが、この塾はあえてそれをやらない方針を取った。では、どうしたか。子どもたちが久米に「ここが分かりません」と聞いてくる。すると塾長の久米は、「それは、学校の先生に聞いてきなさい。学校の先生は教えるのが専門です。そして、分かったことを今度は塾で発表しなさい」と応じる。塾は子どもたちの報告会の形で行っていた。

このやり方で、子どもたちの成績はどんどん良くなっていった。自分で積極的に質問し、理解する習慣が付いて行くからである。コミュニケーション能力、質問力、発表力が培われていくのである。

そのうち、久米は塾の在り方を試しに変えてみた。できる子どもとできない子どもをクラス分けしたのである。すると、燃える子どもは燃える。できない子も負けまいと頑張るようになった。このため全体のレベルがグッと上がる。落ちこぼれそうな子どもには集中して丁寧に説明した。教えるのではなく、心を込めて説明するのである。

学力が上がるからその噂を聞いて、生徒がどんどん増える。ところが、学校から「あの塾には行かせないでほしい」と、親たちに連絡が回るようになったという。子どもたちが学校の教師に活発に質問をするので、授業の妨げになるというのが理由だった。そして学校から「塾通い禁止令」が出たのだった。

それがきっかけになり、熱血漢の塾長・久米信廣は立ち上がった。久米は既成の権威・権力を嫌う。真面目、誠実、信頼を重んじる男だ。学校からのいわれなき圧力に簡単に屈するわけにはいかない。「学校に欠けているところを補って子どもたちを健全に伸ばすのが塾の役割」と認識している久米にとって、「正しいことは正しいこと」である。何も間違ったことをしているとは思えなかった。

だから、向かってくる学校という強敵と初めての正面からの戦いになったのだった。もちろん、久米が学校に文句を付けるわけではない。「正しいか否か」は子どもたちと親が決める。したがって、学校に特に反論することもなく、久米を支援する子どもたちの親との連携を強めたのだった。


同時に、子どもたちへの指導の際、礼儀や言葉遣いを正すことにも力を入れた。日本では剣道でも柔道でも、あるいは華道・茶道などでも礼儀を重んじる。「礼に始まり礼に終わる」のが日本の教育の原点である。江戸時代の寺子屋教育も礼儀にはうるさかった。

久米は、子どもたちの礼儀と言葉づかいを重視する。塾では、勉強が始まる前には「よろしくお願いします」、終わって帰る時には「有難うございました」を必ず言わせるようにした。これだけのことでも、成績もよくなるし子どもの態度・姿勢・挨拶の仕方なども変わってくる。

ますます親からの評判は高まっていく。

成績が上がり、礼儀や言葉使いも良くなっていく子どもの親たちは、軽々に久米の塾を見捨てない。だから、学校からの「塾通い禁止令」も効果はなく間もなく立ち消えになった。

この間、塾に来る子どもの親と懇談するうちに、子どもの教育や躾にとって家庭が何よりも大事だとの考えが久米の心に増幅して行く。それならば、子どもたちの親にそのことをもっと分かってもらおうと久米は「21世紀母の会」を創る。それが次第に「母と父の会」に発展。さらに子どもたちの家庭がどうなっているのかを知るために久米は家庭訪問を始めた。

この家庭訪問が、その後、久米を不動産関連の仕事に向かわせる契機になったのかも知れないと久米は言う。「人間関係業」の原点がここにある。家庭環境こそ子どもの精神的・肉体的成長に極めて大切な要素であることに改めて気付いたからだった。

「自修指導塾」の仕事をしながら、久米の大学人生はアッと言う間に8年目に入っていた。普通、大学は4年で卒業するのに、久米はそれに加えて4年間の残留生活を送って、既に大学8年生となっていた。

さすがに大学時代も在学8年ともなると、当然、中退するか卒業するかの岐路に立たされる。大学が8年以上は置いてくれない。父親からは卒業後の進路について「一丈の堀を越えられない者が、二丈三丈の堀を越えられるか。自分が決めた道だ。最後まできちんとやれ」と説教された。そこで、久米は塾を早めに人に譲り、就職活動をしなくてはならないので、とにかく卒業することに専念した。

足りない単位は1学年の時の体育と英語のⅠ・Ⅲだった。やむなく、大学1年生に混じって大学8年生のオッサンが体育の集中講義に参加し、無事に卒業に必要な単位に漕ぎ着けた。英語については担当教授の部屋を訪ね、何度も頭を下げて「(形だけの) 特別講義・特別試験」を受けさせてもらい何とか単位をもらうことができた。

もっともようやく大学卒業に目途が付いたものの、高校で1年留年し、さらに大学では4年間も余分に学年を重ねた者を「ハイ、よく頑張りましたね」と採用してくれる企業などおよそない。どこへ行っても書類で落とされる。「映画科出身」「大学8年生」…。「これでは使い物にならないよ」と相手の顔にそう書いてあった。

冷たく断られ続けた揚げ句、すべての就職活動は徒労に終わった。こうして久米は1978(昭和53) 年に進路が決まらないまま日本大学藝術学部映画科を卒業する。

しかし、久米は一度もガックリと落ち込んだことはなかったという。何故なら、彼は大学時代に「学生の身分がある時にやりたいことをやり、人ができないことを経験してきた」からであり、田舎から出てきたばかりの一時期は友人もなく寂しさを感じた時期もあったが、それを除けばいつも前向きな人生を楽しんできたからだった。

したがって、就職が決まらなければ、新しい仕事を自分で始めればいいと考えていたし、むしろ久米自身は心の中でそれを望んでいたのかも知れない。また、「よーし、俺を採用しなかった会社を、そのうち絶対思い知らせてやるぞ」と、闘志に火が付いた時でもあった。今のはやり言葉で言えば、「倍返し」、いや「百倍返し」の思いである。

そんな時に、塾経営をしていた頃に家庭訪問を行い、そこで見聞した子どもにとっての家庭の大切さに関する想いが頭に浮かんだのである。こうして誕生したのが第三企画だった。

それに、久米は27歳で大学を卒業するのを待ち紀美と結婚した。久米は紀美の親に「大学8年生の君には娘を嫁にやらん」と断られた。これに久米は、「大学8年生に恥じるところはありません」と応じ、「僕は彼女を絶対に不幸にはしません」と大見得を切って、ようやく彼女の親の許しを得たのだった。

なお、久米の子どもには長女、次女、長男がおり、父の活動の良き理解者となっている。

第3章

母の愛、父のビンタ

親孝行は人間ができる唯一の美徳

傍《はた》から見ていても久米は、大変珍しい親孝行な人間である。「核家族化」が進み、いまどき「親孝行」といった言葉は死語になりつつあるように見える。だからこそ「大人たちは子どもたちに親孝行の大切さを教えなければいけない」と久米は言う。親があってこそ自分があり、そして自分の子どもがいて孫や曾孫などに連綿と命の糸が繋がっていく。親孝行は「恩愛の絆」であり「300年後の子どもたちの幸せのために」の原点なのだ。「親孝行は人間ができる唯一の美徳だ。動物に親孝行はない」とも久米は語る。

「戯れに母を背負いてそのあまり軽きに泣きて三歩歩まず」――石川啄木の短歌だが、啄木は自分が勝手気儘《きまま》に生きて来たことに気が付き故郷の慈母に詫びる気持ちを歌ったものだと言われている。久米の心境にもまた似たところがあるのだろう。故郷の徳島が嫌いでたまらず、その上両親への反抗心を拭えないままに親を残し徳島を離れ東京に独り出てきた。誰にも束縛されない下宿生活。それこそ自由気ままに生きてきたという罪悪感が少なからず久米にはあるのかも知れない。

「親孝行、したい時には親はなし」と昔から言われてきた。「親になって知る親心」とも言う。「親の気持ちは親になってはじめて分かる」ということだろう。では、どういう気持ちで親に接するのを「孝行」と言うのだろう。江戸時代の米沢藩藩主・上杉鷹山《うえすぎようざん》は、次のように教えている。「父母の恩は、山よりも高く、海よりも深い。この恩徳に報いることは到底できないが、せめてその万分の一でも、と力の限り努めることを孝行という」と説いている。

久米も同じような表現をしている。「親孝行をいくら一生懸命しても、親が自分にしてくれた以上のことはできない。だから親孝行にはし過ぎることはない」と言うのである。

実際、久米は仕事が終わると、郷里の徳島に住む90歳になった母親の富美代に必ず電話を掛ける。「今、仕事が済んだところだよ。母さん、元気かい」――。

第2回日中韓生け花芸術交流会で製作実演を鑑賞する久米（前列右）、母富美代（同中央）＝2016年4月、ソウル

久米富美代（第２回日中韓生け花芸術交流会で）

母親の様子を気遣うそれだけの短い会話だが、久米はこの習慣を崩さない。日課にしている。盆暮れと正月には必ず何があっても徳島の自宅に戻り、母の話を聴くことを楽しみにしている。

久米の弟の正一（専務）も母親に毎日電話をするのを日課にしている。兄が夕方か夜に母親に電話を掛けるので、正一は午前の仕事が一服する朝の10時半ごろに徳島に電話する。勿論、ほとんどが職場のデスクからの電話なので、周囲の者は社長と専務の親孝行ぶりを間近にしている。

久米は、毎年の新入社員を迎えた時や故郷の徳島の話題が出る度に、自分の若かった頃を思い出すという。

「学校（高校）が面白くないからもう行きたくない！」と言い、父から「学校が面白いはずがないだろ、その考え方がおかしい！」と怒鳴られたこと。それだけではなく、何かにつけよく父親に殴られた。何で殴られビンタされるのか分からないことが多かった。「靴の脱ぎ方が悪い」「行儀が悪い」「口答えをするな」「喧嘩に負けて泣いて帰ってくるな」等々、父親には父親なりの子どもの教育法だったのだろう。

無口な父親・冨男が発した言葉についてその記憶は久米にはあまりない。軍隊で上官から殴られて鍛えられた当時の男親は子どもに対しても殴ることが教育の基本だと思い込んでいたフシがある。きっと、久米の父親も海軍仕込みの教育方法に凝り固まっていたに違いない。言葉より殴って分からせる。それが正しいと思っていたのではないか。言葉より体罰こそ息子たちへの教育効果が大きいと思い込んでいたのだ。

久米は高校3年生の頃に「どこの大学でも行かせてやる」との父の言葉を信じ、これからの時代は大学へ行くのなら海外の大学だとそう心に決めイギリスとアメリカから願書を取り寄せた。1年間の高校留年生活も終わりに近づきいよいよアメリカの大学に願書を提出しようと、期待を胸に久米は父と向かい合った。

しかし、父親は「確かに大学はどこでもいいと言った。でも海外の大学でもいいとは一言も言ってない。日本の大学でなければダメだ。しかも法科。それ以外は絶対に許さない。受ける大学は一校だけで十分。それ以外は認めない」と久米の希望は一切聞こうともしない。

自分の価値観を頑迷に押し付けるこの父親に久米は失望し、「海外の大学に行けないのなら今直ぐ仕事をした方がましだ」と、ある時は友達のところに転がり込みガソリンスタンドでアルバイトを始めるとか、またある時は喫茶店のマスターの家に転がり込むなど何度も家出を試みた。その度に家に連れ戻されて父親に殴られた。

このようにして高校を卒業する19歳まで、本人がいう「家庭という強制収容所みたいな環境で育てられた」久米は「非行に走る自由さえも与えられていなかった」と振り返る。当時の久米は、母親に対して父親のことをしばしば「国家権力の犬の言うことは聞かない」と批判し、反抗する姿勢を露《あら》わにしていた。

「法律を犯しているわけではないし、誰に迷惑をかけてもいない、だから親から罰せられることはない。僕は間違ったことはしていない」と、腰を引きながら何度も何度も、口の中でブツブツと遠くから父の耳に届かないように抗議の言葉を送っていた。当然、その恨み節が父の耳に入れば拳骨か往復ビンタという体罰が待っていた。だから久米は高校卒業まで父親から逃げまくっていた。

でも、久米は二つだけ、父親の言葉をよく覚えている。1度目は、登校拒否で出席日数が不足し高校を3年で卒業できなくなり、「退学して、専門学校へ行きたい」と久米が言った時、「入ったのだから出ろ（留年してでも卒業せよ）」と静かだが反論は許さないという毅然たる言葉だった。もう1度は、大学8年生の時である。「体育と英語の単位が取れていない。卒業できないので就職する」と告げると、「自分が大学へ行くと決めたのだから、最後まできちんとやれ。授業料は払ってやる」であった。それ以外のことはほとんど久米の記憶にない。

こうして、久米は高校中退にも大学中退にもならず、他の人たちに比べると大きな回り道か寄り道をしたものの何とか高校と大学を卒業したのである。その2度にわたる父親の「物事は中途半端で終わらせてはならない。やり切れ」という断固たる姿勢と言葉がなかったならば果たしてその後の久米の人生がどうなっていたか。それは誰にも分からないことだが、あるいは浮草の如く漂いながら人生の道を踏み外していた可能性もなくはなかっただろう。

久米は、何度も殴られてきた父親には強いわだかまりや反抗心を長く持っていた。しかし、社会の荒波に揉まれて行くうちに、「自分が意外に強い気力と精神力を持っているのではないか」と気付き始めた。そして「それは子どもの時に父親に殴られたことで実は心が鍛えられたからではないか」とプラスに考えられるようになっていったという。

社会人になって以降は、かつての父親の躾の厳しさの意味を次第に理解するようになり、ある時からは「今では叱ってくれた父にも感謝している」と語るようになったのだった。次の一文は久米による父親への思いを表現した「父の言葉」である。

家族は私そのものである
父は厳しく居心地はよくなかった
母はうるさく気の休まる時がなかった
しかし、いつもちゃんと私の居場所はあった

よく喧嘩し助け合いもした世界で一人しかいない弟
仲良くする事が兄として人生の役目だと育てられた
そんな家族があってこその僕である

父・母には武士の子らしく生きよ！と育てられた
見えない糸で縛られ続けたそんな日々の積み重ねが、
第三企画の出会いをもたらせてくれた

だからこそ
今まで、家族に大切にしてもらった分
ずっと、家族を大切にしている

そんな矢先、父は天に還ってしまった
父からしてもらった恩返しはできていない
でも、墓前で３００年後への恩返しを誓った
きっと父も分かってくれるはず、と信じて

これからも今まで以上に全力で生きる！
父の教えを左手に、母の教えを右手に
一回しかない僕の人生を

人類の幸せのために…
世界の平和のために…
今、第三企画に集うすべての家族のために…
それが僕の人生のすべてだから…
◇久米

泣き虫が何故積極的な子になったか

久米が「東京の大学に行きたい」と父親に話した時、「オヤジの顔が寂しげに見えた」と久米は思い出す。その時、「オヤジは東京に行ったらもう親の死に目には会えないぞと言っていた」のが久米の記憶の片隅に焼き付いている。実際、父親の予言通りになった。久米は、父親の急死を月曜朝礼終了後、実家からの電話で知った。心筋梗塞だった。享年76歳。久米は徳島に急行したが、父の言葉を聞くことはもはやかなわなかった。

久米は自分の子どもたちへの躾には厳しい。だが、子どもたちに手を上げたことはない。父親に殴られて育ったことが、いかに自分と弟の心を傷付けてきたか身を似って知っているからである。久米は朝食を取る時に、二人の娘と顔を合わすと必ず「可愛いね」と声を掛けるのを朝の挨拶代わりにしてきたそうである。それは、娘たちが大人になってからも続けてきた習慣である。もちろん、娘たちも必ず両親への日常の挨拶を欠かさない。

久米も弟の正一も、久米と同じように中学生までずーっといじめられっ子だった。弱虫で泣き虫。その理由には、親に殴られてきたこともあり、喧嘩をして相手に殴られるとか、蹴られることの痛みの恐怖心を早くから知っていたからだろう。何事にも臆病になっていたのだ。

しかし、久米はある時からその性格がガラッと変わった。臆病で引っ込み思案の性格は影を潜め、むしろ積極的に何でも自分で考え自分で自発的に行動するようになったのである。「僕が世界の平和を守る」と突然に言い出したのがその具体例である。

そのきっかけになったのは何か。それは、久米が中学生の時、生死の間を彷徨うほどの大けがの経験をしたことにあったのではなかろうか。その時以来、久米の心に「開き直り」というか「一度死の淵を彷徨ったこの命、捨てるもよし」といった土壇場の死生観から肝が据わったのかも知れない。

久米の血液型はA型である。よく血液型による性格判断が話題になるが、A型の特徴は「真面目」「几帳面」などと言われる。久米の性格は確かに几帳面で真面目であり、そこは当たっている。しかし、会社の経営においてはすべてを部下に任せて口を挟まない度量の広さなどは、おおらかで粘り強いO型的性格を示している。

その一方でB型なのかなと思わせる行動が目立つのも久米の面白い一面である。B型は、マイペースなところが目立つ性格とされている。言葉を変えれば「個性的」なのである。凝り性で好きな物はとことん好き、嫌いなものはとことん敬遠するか無関心ということだろうか。確かに久米は好き嫌いがはっきりしている。そんな久米は血液型が「Ｂ型」だとよく誤解される。実際、個性的を少し通り越して、しばしばちょっと「個性的で理解しにくい」「少し変わり者」「天才肌」と見られることも少なくない。

久米の場合は、本人に言わせると「大手術で大量輸血が行われたのが影響したのか血がすべて入れ替わり性格まで一変した」と語る。そのため、「自分の血液型が変わったのではないかとたまに検査をしてもらう」と笑う。そのぐらい性格が手術前と手術後に劇的に変わったということだろう。一度、生死の間を彷徨ったことで捨て身の強さが生まれたのかも知れない。

昔は弱虫で泣き虫が、今や第三企画の社長として、また、ＲＢＡおよびＲＢＡＩの理事長として不動産・建設業界に幅広い人脈・人間関係を持ち、しかも国際交流に尽力してきたことで、中国・モンゴル・タイ・セルビアなど世界数十ヵ国との縁と絆を確立してきた久米は、その功労をひけらかすこともなくマスメディアに取り上げられることもない。だが、地味ながらそこら辺の経営者とは桁違いに水準の高い信念・哲学を実践する傑物なのである。

国の補助金などには目もくれず、第三企画の企業努力で稼いで得た資金を様々な社会貢献に惜しむことなく注ぎ込む姿勢は、見方によればもっと会社の財務体質の向上や設備投資、あるいは社員の待遇改善に使った方が、会社のために良いのではないかとの言い方もできる。だが、久米は「会社を大きくすることや利益を蓄積することにおよそ関心がない」と一蹴する。

「アメリカを見て欲しい。世界の超大国が今や断末魔の様相を呈している。アメリカはもう立ち直れないだろう。一方、アメリカに次ぐ世界2位の経済大国を経験した日本でも、大企業の多くが衰退の坂を転げ落ちている。恐竜が氷河期に絶滅したのと同じように国も企業も大きければ大きいほど変化に対応できない。そう考えると、企業成長とか企業規模とかに意味はない」

「利益中心主義で自己資本比率を改善し財務体質を良くすると、今度は社内に安心感を生む。安心感はすなわち油断を招く。油断すれば周囲からの攻撃に足元をすくわれ負ける。だから、第三企画は自社ビルを持たない。なまじ資産を持てばその維持や償却に余分な費用が掛かるだけだ。形あるものは必ず壊れるのが世の常。鴨長明の『方丈記』にある〝ゆく河の流れは絶えずして、しかももとの水にあらず〟ですよ。流れが止まれば水はよどむ。流れていれば、あとからあとから新しい水が流れ込み清流でいられる」――。

この考えが久米の人生哲学であり経営哲学の基本である。

母が買ってくれた一枚のレコード

話を戻そう。久米は中学生時代に頭蓋骨を取り外され、元の位置に戻す大手術をした。その間、大量の輸血で久米が命拾いをしたことを先に述べた。幸い命に別状なく、体力が回復し脳に大きな異常がないことが確認されると今度はプラスチック製の頭蓋骨を外して、もともとの自分の頭蓋骨に戻す手術が行われる。勿論、その頭蓋骨は割れていたのを接着剤で修理してもとの形に復元したもので、これを頭に取り付けるには再び頭の皮膚をグルっと切らねばならない。したがって久米の頭にはその時の手術の傷跡が今でも残っている。

いずれにしても、久米が病院に運び込まれてから、退院するまで、その入院期間は２〜３ヵ月間にも及んだ。入院期間中、始めのうちは脳みそが動いてはいけないので、ベッドに縛り付けられて手足さえ動かせない状態だった。ベッドに座って食事を食べられるようになるまで約１ヵ月。それから、頭蓋骨の入れ替えとその後のリハビリに約１ヵ月を要した。長い寝たきりで歩き方を忘れ、歩行訓練に手間取った。

青春時代のこの空白期間こそ、実は久米が大きな世界観を生み出すための必要な時間だったのかも知れない。といっても、まだ久米には何も夢に結び付くような何かがあった訳ではない。ただ、病院で寝たきり状態にある久米に、母親の富美代が買ってきてくれた映画音楽のレコードは、久米の心を和ませた。同時に、久米の中に眠っていた芸術への関心を目覚めさせたことは間違いない。

「高校生になると音楽に走るようになったルーツはここにあったのだろう」と久米は言う。

ところで、無口で直ぐに子どもたちを殴って躾ける父の富男とは違い、母の富美代は聡明で優しく、子どもたちを一生懸命に愛し育てた良妻賢母型の母親であった。久米も弟の正一も、母親には何でも話し、母親の言葉には素直に従っていた。久米が母親の言葉に意見を返すようになったのは高校2年頃からだった。もともと、久米は議論好きの子どもと言えた。

そもそも母の富美代は、二人姉妹だった。家を継ぐべき男兄弟はいない。富美代は落ちぶれた自分の親よりも暮らし向きの良い頃に彼女の爺さん・婆さんに愛情深く育てられ、12才頃から華道と茶道を習っていた。もともと、久米家の先祖は武士。当然、礼儀作法には厳しい。また、富美代はもともと勉強家であり、田舎では珍しい教養人である。それで、久米の家には大人になってからの富美代に華道や裁縫を習いに来るお弟子さんが大勢いて、火の車の家計をわずかだが助けていたこともあった。

他方、冨男が座布団10枚を持って養子に来たとは言え、軍隊を除隊した後は国鉄に勤め、さらに勉強して国家公務員試験に合格し検察庁に勤めるようになったのだから久米の父親も優秀な人間であったことは確かだろう。国家公務員として冨男の収入も安定していた。こうして冨男夫婦は何とか久米家の墓を買い戻したのである。母親が、夫に感謝の念を抱いていたのは容易に察することができる。

その両親の血を引いている男だから久米の頭はいい。とにかく回転が速い。久米によると、「母親の偉さは絶対に父親を悪く言うことがなかった」ことだと振り返る。久米は父親に殴られる度に、「あの頑固オヤジめ」などと、父親を鋭く批判した。ところが、それに対して母の富美代は、「お父ちゃんは悪くない」を繰り返す。「お父ちゃんは悪くない。悪いのはあなたですよ」と決して父親をけなすことをしなかった。

「お父ちゃんはあなたが嫌いなんじゃないんだよ。自分が勤める国の法律やこの社会にある道徳だけではなく、久米家には久米家としての生きる道がある、ということを教えてくれているのだよ」というのだ。つまり、母親は父親を養子だからと言って蔑《さげす》んだり、尻に敷くようなことをしなかった。妻が夫を尊敬していた証拠と言える。

このような紆余曲折の上に、日大藝術学部入学という失望と妥協による環境を勝ち取り、久米の怒涛の８年間が始まった。

毅然とした母の後ろ姿を追う

既に90歳となった今も久米の母親・富美代は華道・茶道を続けている。稽古ごとを始めてからもう70年を超えただろうか。今も前向きに生きる母親が久米の自慢でもあり、生き甲斐でもあり、また多くを学ぶ師匠でもある。

久米は、「未だもって母の後を追っかけるのに必死だ」と言う。それほど久米にとって母親は偉大な存在なのである。幼い頃から貧しくも毅然とした母の姿を見ながら大きくなってきた。

だから人生は何があっても前を向き進むのが当たり前のように、あたかも見えない糸で縛られたようになりながら育てられた。そんな見えない糸に対し、久米は様々な反抗を試みてきたが、傷つきながら若い時はすべてが不発に終わった。

（そのお陰で）寄り道しながらではあっても、久米が今も16歳から思い定めた夢を追い一本の道を歩むことができるのは、母親の厳しくも暖かい指導があったからこそである。あの時あれほど憎んでいたのに、絶対に口をきかないと決めていたのに、年とともに有難く思えてくのが両親、特に母親である。

親の存在とは、不思議なものである。同時に、夢と希望は豊かさや貧しさとの関係性が全く無いと久米は痛感している。「誰一人相手にしてくれない時期であっても、母は自分を信じ続けてくれた」と久米はいう。「人間不信に陥っていた時、僕の対応にすべての原因があると諭してくれた。落ちこぼれの僕を最後の最後まで信じてくれた。いつでも、どこでも最強の味方だった。いや今も最強の味方である。その母のためにと人生一事に踏ん張っている」のが今日の久米であろう。

幼い頃、母から言われ続けた言葉に「とにかく、勉強はしなさい。成績の問題ではない。何の本でもいいから本を読み勉強をすることです」がある。久米は小学生になると『小学一年生』（小学館刊）に目を通すことを義務づけられていた。当然、嫌でたまらなかった。何故なら、読んだ箇所の感想を言わされるからである。それがたまらなく嫌で、狭い家の中を逃げ回っていたものだ。

久米の母親はそれだけでなく、小学校一年生から塾に通うことを義務づけていた。学校を終えると仲間たちと遊ぶことが何よりも楽しみだった時期に、独りだけの塾通い。この苦しみたるや未だに脳裏から離れないと久米はいう。この時に、「先生が風邪を引いているから」という見えすいた嘘をつき塾を休むことを覚えた。同時に、嘘はバレるものということも分かるようになった。

その時に母がよく口にしていたのが、「犬だって役目を果たしているから食事にありつける。人間の世は、勉強しなければ生きていけないんだよ」だった。母親は、高校4年、大学8年にわたる久米の学生生活が現実となっても成績について口にすることはなかった。

その母から離れて東京に来て、芸術家気取りで過ごしている時、久米に幼き頃の日常と母の言葉が瞬時に、そして鮮明に蘇ったのである。それは、徒然草にある次の一文である。

「芸能を身につけようとする人の中には、よくできない時期には、なまじっか人に知られまいと内々でよく習得してから、人前に出ていこうとする者がいる。それはまことに奥ゆかしいものだと思われがちだが、こういう人は一芸も習得することができないままに終わってしまう。全くの未熟なうちから、上手の中にまじって、けなされても笑われても恥ずかしいと思わずに、平然と稽古に励む人は、生まれついてその素質がなくても、稽古の道にとどこおらず、年月を過ごせば最後には上手といわれる芸位に達して、人望も十分に備わり、人に認められて、比類のない名声を得ることである。世に第一流といわれる一芸の達人といっても、初めは下手だという噂もあり、ひどい欠点もあったものである。けれども、その人が、芸道の規律を正しく守り、これを重視して、気ままに振る舞うことがなければ、一世の模範となり、万人の師匠となることは、どの道でも変わるはずがない」（小学館『日本古典文学全集』より）というものだった。

久米がバンドを結成して音楽活動をしている大学1年の時、あるプロダクションからレコーディングの話があった。母を喜ばせることができると思い、久米は嬉しくてそのことを母に報告した。しかし、母親から言われた言葉は「19歳で社会の何が分かるの、今は勉強しなさい」と冷たく否定され、「腹が立つのを通り過ぎて母の存在が許せなかったことがあった」と久米は思い出す。

「音楽に楽しみがあるのではないんだよ！」との母の言葉がよく理解できないでいた久米。

「自分が向かう対象に楽しみがあると信じていたのを否定され、悔しさが込み上げてきた」と久米は振り返る。ところがその後、冷静に振り返ると、どれも自分から進んで楽しみを探していたことに気が付いた。

そこで久米は、逆に楽しくない対象に当ってみようと東京の下宿先に近い赤羽の魚屋さんでアルバイトを始めたのである。「面白いはずない、楽しくない対象はどんなにしたって楽しくはないはずだ」と、それを証明したくて決めたアルバイト先であった。

その結果をもって父母に意見しようと久米は企てた。しかし彼の目論見は見事に外れた。魚屋さんの仕事が楽しくて仕方がなくなったのだ。愉快に過ごした日々、確かにやり甲斐もあった。本当に今も忘れないくらいびっくりした。何故か毎日毎日のバイトが待ち遠しくて仕方なくなってしまっていた。最初の思惑を忘れてしまい、魚屋さんをやりたくなっていた自分がそこにいた。そこには対象に拘らなかった自分がいることに久米は気付いた。

そんな体験を思い出しながら、久米は若い人に、「自分勝手に判断しないように、事ある毎に父母への相談は欠かさないように、普段の挨拶をちゃんとするように」と久米は話している。対象に楽しさを求めている若い方々に今だからこそ言える経験となった。「楽しみは対象にあるのではなく、自分にある」と。「やりたい仕事に楽しさがあるのではなく、たとえどんな仕事であっても、工夫する自分の中にある」ということを。そして「そんな君たちを育ててくれたご両親と接する中にある」ということを久米は力説している。

少年時代、久米が母親から教わったことは、「自分の心に従って大事なものを決めてはいけない。何故なら、自分の心ほど当てにならないものはないからだ」がある。そう教えられているにも関わらず、自分の心を当てにし、自分の心に従い、自分の心を信じ数々の後悔をする羽目になった。この経験から、「心」と「心の働き」は違うことに気付かされた。

「好き」と思っているのに、何かの出来事（＝外部との接触）により全く反対の「嫌い」を口にすることがある。この場合の「好き」が「心」で、何かの出来事により口にする「嫌い」が「心の働き」である。このように「心」がどれだけ正しいと判断しても、想定外の何かの出来事がきっかけで、その判断が変わってしまう可能性は高い。確かに、「人と先を争わないように」を心掛けていても、外部との接触により顔をもたげる負けず嫌いの自分がいることに気付いたりする。

また、「常に人に一歩を譲って控えめに」を実践しようとしても、知らず知らずのうちに人の前に立つ自分に手を焼いたこともある。これまで、「心に固く決意すればするほど心の働きに邪魔され思うように行かない自分がいた」と久米は語っている。

「玄関の靴事件」の思い出

ある人から「お母さんに大変薫育されたのですね、ではお父さんについてはどうなのですか？」と久米は問われたことがある。父の教えと言えば「やり始めた事は最後までやれ！　できるまでやれ！　どこまでもやれ」と、そして決まってその後には、「一丈の堀を越えられない者がなんで二丈、三丈の堀を越えられるか？　ボケこらっ！」だった。この言葉を久米は幼い頃から言われ続けてきた。この言葉通りのことを久米は身を以って教えられたのだ。

それは、「玄関の靴事件」である。父が夕方家に帰って来た時、玄関の靴が揃っていなかった場合は容赦なく羽交い締めされ往復ビンタをもらったものである。それは靴を揃えられることができるまで続けられた。もう一つは、「嘘事件」である。家族団らんの途中嘘がバレた。久米は直ぐに「ごめんなさい」と謝ったのだが、にもかかわらず父の顔は鬼と化していた。叩かれる痛さ、怖さにおびえて裸足のまま久米は外に逃げ出した。

それからである、父親は逃げる久米を自転車で追いかけてきた。振り返ると父の姿が迫っている。とっさに久米は、畑に逃げ道を求めた。痛い足を我慢し一目散に走る。しかし父は父である、自転車を乗り棄て走って追いかけてきた。体格の違いは距離を縮めるのにそう時間はかからなかった。見事に捕まったのである。

このように久米の父親は自らの行動を持って「やり始めたことは最後までやれ！　できるまでやれ！　どこまでもやれ！」と恐怖とともに教えてくれたのである。高校4年生の時、退学の道を諦め、恥を忍んで1年間通えたのもこの教えのお陰である。また、大学8年間に繰り返された退学の誘惑に負けずに屈辱の日々を乗り越える事ができたのも、父のこの一言と「人が4年で卒業しても、お前はできないのだから倍の8年かかっても卒業しろ！　学費は心配するな！」との言葉があったからこそであった。

いま第三企画を経営する日々においても、久米にとってこの二つの言葉はコトある毎に耳元で「ボケこら」と共に聞こえてくるという。父の愛により高校・大学とで通算12年間も学ぶことができた。「父の言葉」という一文を久米は書いている。
求めて得たものでないからこそ本物
流れのままに生きる
今も耳に聞こえる父の言葉
とにかく、やることだ！
やる限りには興味を持ってやれ！
自分の力無さを、思い知らされるから！
何度も同じ事をしているのだと怒られた
なんで工夫しない！　同じ経験するんだったら、工夫しろ！
「こうやっていこう！」と思わないのか？
阿呆か！　馬鹿なら馬鹿になってみろ！
同じ事をやるのは、愚か者のすることだ！
的を外してもいい、遅くてもいい

同じ事を新しいやり方でやってみろ！

眼鏡から目をはみ出しながら
鬼の形相で機関銃の如く
そんな父が恐くて、無我夢中でやってきた
すると知らないうちにこんな僕になってしまった

今も父は僕の身体に染み付いている
誰の真似をするのでなく
自分らしくやり切ること
それをやれば、やるほど
自分を主張する事だから

またある時
無我夢中でやっているのはいいが
お前は、何のためにやっているんだ！
やる事が目的なのか？　どうなんだ！　と言われてきた

やるせなかった
思いの持っていき場所がなかった
ただ母の優しさが身にしみた
そんな父は今僕の身体に生きている
やる限りには、ただやるな！
目的を見据え最短を走れ！
何時もそのための工夫をしろ！

人生に無駄はない
経験できるものはすべて自分のため
それを信じること
その生き方が、自分を信じる事であり他人を信じる事

人間が生きるということは
相手を大切にする事であり
目の前の人を大切にすること

そして現在
「人の前に明かりを灯す」第三企画の経営に全力を尽くしている
「求めて得たものでないからこそ本物」
これからも育てられたように、全力で久米信廣を生き抜いていく

◇久米

高校4年、大学8年

「苦しい方と楽な方があったなら、迷わず苦しい方を選べ！」と父親に言われながら久米は育った。高校を落第した時も、大学の落第時もそうだった。しかし、父の「何があっても卒業しろ！」の一言から逃れるために、彼は真剣に悩んだ。

高校を辞めることを父親に認めてもらうために、「裁断の学校に行きたい。自分はもともと美術が好きで興味がある、だからファッションデザイナーを目指そうと思う、そのためには洋服の裁断を身に付けておかなければならない。だから大阪の裁断学校に行かせてほしい」と久米は意を決して父親に頼んでみた。自分なりの精一杯のシナリオを描いたつもりだった。

その結果は、「何を考えているんだ！　高校も卒業できなくて何ができるというのか！　いらんことを考えずに高校を卒業しろ！」との厳しくかつ残酷な一言。こうして始まった高校4年目の生活。3年生までの同級生は皆卒業していない。それまでとは全く違う天国から地獄の

日々、それは久米にとって恥ずかしくて顔を上げることもできない辛い日々の1年間だった。しかしすごく楽しくもあった。皮肉にも、その4年目にお世話になった先生と友達から大学への道が開けることになる。

大学においても結果的に8年かかっての卒業となった。その時も、5年目で退学を決意し父にそう申し出た。弟・正一の大学入学も一つの理由にした。予定外の学生生活では経済的に余裕のない公務員の父に迷惑をかけられないとの理由もその一つだった。しかし何よりの理由は、これ以上大学に通うのが嫌で、それが何よりも苦痛だったのだ。

そんな思いから父親に出した退学願いだったが、「いったん目指したことは何があっても最後までやり切れ！」と直ちに却下。その一言から苦しい中にも楽しかった英Ⅰおよび英Ⅲ、そして体育の単位取得作戦が始まった。英語については、教授に頭を下げて特別試験を受けさせてもらい何とか単位をもらうことができた。体育に関しては、下級生に混じり夏季合宿に参加し切り抜けた。

大学8年間は決して無駄な人生ではなかった。何故ならこの時期に、今の基礎となる人間関係が築かれていったからである。また、曲がりくねる久米を強制的に真っ直ぐにしてくれた父親のお陰で、久米はその後「苦しい方と楽な方があれば、何の抵抗もなく苦しい方を選ぶ」という日々を生きられるようになった。

そんなある日、「楽処の楽は真の楽に非ず、苦中に楽しみ得来たりてわずかに心外の真機を見る」（楽しい環境にあって感じる楽しみは、本当の楽しみではない。苦しい経験の中で楽しみを得てこそ、人は初めて精神的にも行動にも真機、すなわち本当の心の働きを見出すことができる）――『菜根譚』との言葉に出会うことができた。


久米は「今だから言えることだが」と前置きして、「15〜16才の頃や21〜22才の頃の好きなことや得意な分野を最優先していたなら今はなかった。22〜23才の若い頃の不確かな自分が選ぶ好きや得意が確かなものであるはずがない。そんな好きを基準に選択をすれば誤ることはあっても的を射るには程遠くなる。何故なら、好き・良いは印象に左右され、嫌い・否は生理的なものからの反応だからである」という。

したがって、今の久米は亡き父に感謝しつつ、若いメンバーに「苦しい方・嫌な方を選ぶように！」と話す日々である。

幼い頃から久米は母親に、事あるごとに、「得失は出来事にあるのではなく判断にある」といって聞かされてきた。指導者のためのバイブルと言われる『言志四録』にも、「世を渡る道は、得と失の二字にある。得てならないものは、得てはならないし、失ってはならないものは失うべきではない。これが世を渡るための基本である」と書かれている。

しかし、「どうやったら、得てはならないものを得ないでおけるのだろう?」。また「どうすれば、失ってはならないものを失わずにすむのだろう?」……。それができれば、この人生これほど楽なことはない。「そんな妙手はあり得ない」とは思いつつも心のどこかで「もしや」との気持ちも消すこともできない久米がいた。それはそうである。判断を誤ると得は失に変わることになり、失は失のまま終わるのである。これほど厳しいことはない。

これが人生の本当の姿であろう。自らの判断で自ら不幸を招き寄せ、日々を振り回される人生。そんな厳しい日々が続く人生にならぬよう、一本の道を示してくれたのが以下にある『菜根譚』の一文である。

「世に処しては、一歩を譲るを高しとなす。歩を退くるは、即ち歩を進むるの張本なり。人を待つに、一分を寛くするは是れ福なり。人を利するは、実は己を利するの根基なり」(世渡りをするには、人と先を争うことをせずに、常に人に一歩を譲って控え目にするのが、自分の人格を高尚にする所以の道である。その一歩を譲り退くということは、これとりもなおさず、数歩を前進さす伏線ともなるものである。人を待遇するには、厳格に過ぎてはよくないので、一分ほどは寛大にすることが、これやがては、自己の幸福をもたらす所以の道である。このように、人に利益を得させることは、つまり自己を利するための土台となるものである)

久米はこの道に沿って、「得が失に変わらないように、失は失のまま終わらないように」と歩んでいるのである。母親の言葉の、「子どもに無理にやらせようとはしなさんな」は、今や知らず知らずのうちに久米の心から芽を出し、「子どもには僕の後を継がさない！」となり、母親が言っていた「孫から始めるように」の「子孫」は第三企画の若いメンバーとなっている。

久米の母親はこう言っていた。「うちの家は安月給の公務員。間違っても海外の大学にやれるだけのお金はない。だから海外の大学は諦めなさい。その上で、どうしても海外の大学に行きたいと思うのなら、自分の子どもからそうするようにしなさい。だからといってあなたのやりたい事を子どもにやらせようなんてことは考えてはいけないよ。あなたのやりたい事は、あなたの孫から始められるように今から準備をすること。それがあなたに課せられた人生なんだから」と…。

久米家の生きる道の訓（おしえ）として父母から久米の体に叩き込まれた精神が、論語の「己欲立而立人、己欲達而達人＝己立たんと欲して人を立て、己達せんと欲して人を達すべし」（自分がこうありたい、こうなりたいと思う事は、自分から人にやってあげなさい）であった。このことに気付いた久米はそれ以来、両親を誇りに思い心から感謝し、「これからの我が人生は、父の人生、母の人生でもあるのです」と物事を考えるようになっている。

中学生の時、久米は生死を彷徨い、高校では落第し1年間の留年、大学では様々な経験を積んでいるうちに8年生になり、就職活動は完全な惨敗に終わった。こんな人生が、久米の不屈の人生の糧になってきたのである。それに、大学生の時に親からの仕送りに頼らずに自立しようとして、宝石商をはじめ駄菓子の販売などを自らの考えで始めた。これらは見事に失敗に終わったものの、しかし、そうしたことを通し経営感覚を磨いた経験が後から役に立つ。

第4章

燃えて経営　人間関係業

激戦地の不動産広告へ参入

第三企画は不動産折込み広告チラシに関し、企画、制作、印刷、折込みに至る一連の業務をワンストップで対応する仕事を中心とする会社である。1980（昭和55）年、無一文の久米が29歳の時、創業した。「徒手空拳」「無手勝流」の船出であった。

第三企画の特色はお客様の極めて短期日の納品依頼をも喜んで引き受け、かつ、廉価な価格でサービスを提供する力を備えていることにある。というよりも第三企画は、仕事が早いとか価格が安いとか、そうした次元にある会社ではない。もっと奥が深いのだ。というのは、この第三企画は株式会社でありながら「儲ける」「利益の最大化」ということに初めから関心を持っていないのである。

だいたい、社長の久米は「財務諸表」の数字などに深い関心を寄せることはまずない。「利益率だとか自己資本比率だとかいう数字は投資家に良く見られたいための数字。経営者にとって、そんな数字は役に立たない。むしろ投資家に目を付けられたらそれこそ彼らの餌食になるだけ」と言ってはばからない。だから、株式公開を目指そうともしない。

そもそも久米の発想がユニークである。久米は大学生の時に、1年毎に下宿先を変えてきた。理由は掃除をするのが面倒だったからである。アパートを変えれば、その都度、不動産屋さんが掃除をしてくれた部屋に入居できる。出ていく時には要らない物を置いて次に行く。そうすれば、自分は掃除の済んだ何もないさっぱりした部屋に移れる。それを久米は8年間にわたり同じ不動産屋さんに頼んできた。これにより、久米は不動産屋さんと次第に仲良しになる。また、不動産屋さんには「こいつは信用できる」と思われるようになっていく。

こうして、久米は大学を卒業して、いろいろと食うための新事業について考えているうちに、大学時代に塾をやっていて、そこへ通ってくる子どもたちの家庭を見ているうちに、「家」の大切さを感じていたことから、不動産関係の広告の仕事を思いついた。久米は、芸術学部出身だけのこともありデザインはお手の物。商売の勘所も宝石商や駄菓子の訪問販売、ステレオのカタログ販売などをして失敗を重ねているのでそれなりにコツの掴み方を心得ている。

そうしたことで、久米は親しくなった不動産屋さんの社長・本多大蔵さん（故人）に自分のアイデアについて相談したところ、「それは面白いかも知れん。協力してやるよ」と事業資金70万円を出してくれたのである。したがって、久米の事業はまさに何もない「無」からのスタートだった。ただ、その本多氏は久米が恩返しする前に亡くなられ、久米は今もってそれが心残りになっている。

人の役に立たない振る舞いは、仕事ではなく単なる自己満足であると久米は考えている。久米は第三企画という場を一種の人生修行の場と捉えているのかも知れない。久米の独特の経営哲学・経営理念の中にそれが感じられる。

僕のいう役に立つ人とは
「求められている事ができる人」ではありません。
強いて言えば「求められていないことができる人」です。

僕のいう「生きる」こととは、
自分の命を使うこと、何かに命をかけること。
それは意味を作り上げることであり、価値を創造することである。
僕がいう「仕事は」、利益を上げることでもなく、
給料をもらうことでもなく、欲望を満たすことでもない。

僕は仕事とは「生きることだ」と捉えている。
「生きる」とは、「何かを作り出す行為」であり、
また、「何かを成し遂げるための行為」である。
この世の生あるモノすべては、本能のまま生きることで、
他のモノに役立っている。

しかし、人間である僕たちは、

本能のままでは生きられない生き物であり、意識的に社会を構成しなければ生きられない弱い生き物である。

社会とは、周りとの関わりをいう。

仕事とは、社会において傍の人に役立つ行いのことである。

傍を楽にする振る舞いだから「はたらく」（働く）と書いて仕事のことを指している。


仕事は周囲と関わっていく営みであり、そこにおける人間とは関わる間合いの「間」の中味のことである。

そして、社会（組織）とは、家族、地域、会社、顧客などなどの構成体であり、働くとは、社会のために役立つことである。

周りの人たちを幸せにすること、周りの人たちに喜んでもらうこと、それでこそ人の役に立っていると実感できる。


その役に立つことで社会がうまく回る。

その振る舞いで世界がうまく回る。だから、僕は周りの人たちに喜んでもらいたい。

僕と接する人に幸せになってもらいたい。
だから、僕は「何がしたいではなく」
「その道に自分が役に立つのか」に全力投球する。
一回しかない人生、独りよがりで終わらせたくないから。

◇久米

久米は大学を卒業すると、自分で会社を設立せざるを得なかった。その理由はどこの会社にも久米が採用されなかったこともももちろんだが、まさに「一回しかない人生、独りよがりで終わらせたくないから」だった。そんな状態にも関わらず、久米は大学卒業を待って紀美と結婚。収入のことなど何も考えないままの決断だった。

久米は熟慮した結論として不動産広告業を始めることに決めた。これは不動産屋さんとの付き合いで、ある程度の仕事を確保できる目途が立ったからだった。久米は不動産屋さんのお手伝いをしている時に、何故お客様が店に来ないのかと疑問に思った。そこで、新聞の折り込み広告に「3日で契約します」とスピード契約を謳う文言を入れた。しかも、その速さを証明するためにその日の朝刊のニュースをそこに張り付けた形にして作ったのである。すると、それに反応したお客様がどんどん店に来るようになった。これを知った、他の不動産屋さんからも久米のところに広告作りの注文が殺到するようになったのだった。

ところが、久米が印刷を外注すると、発注してから納品までの時間を短縮しようとしても、なかなか印刷会社が動いてくれない。これでは広告主の期待に応えられないと、自分で印刷業を始めることを決意した。周囲からは、「失敗するからやめた方がいい」とか「印刷業は競争激化で厳しい業界だから絶対に上手くいかない」などと久米を引き止める者が多くいた。しかし、一度言い出したら頑固な久米のこと。逆に、「この業界で成功すれば日本一の会社になれる」と一気に走り出したのだった。

もちろん、印刷機を買うだけのカネもない。しかし、そんな時には久米の前に「救いの神が現れる」のだ。釣具・工具・そして印刷機を取り扱っていたリョービの木村氏が、「機械をなんとかするからやってごらん」と言ってくれたのである。こうして、久米は印刷業に乗り出したのである。

久米の言葉を聞こう。

僕は楽な道と苦しい道があれば、迷わず苦しい道を選ぶ。
周りの人たちに楽しい道を歩んでもらいたいためだ。
誰もが正しい道と知っていながら、
誰もが正しい道を選ぼうとはしない。

何故なら、正しい道は常に困難な道だから。

そのために僕は誰よりも先に苦しい道を歩み行く。
だからといって僕が犠牲になってはいけない。

そのためには、
他人の笑顔に出会うことが最高の喜びだと堂々と言える空間、
これが必要だ。
だから僕は「平和の砦」である第三企画を創った。　◇久米

久米が第三企画を設立した背景には、彼の「夢の実現」があったことは言うまでもない。久米は16歳にして、「世界の指導者になる」との志を抱き、それ以降、「僕が世界を平和にするんだ！」と自分自身の生き方を決めてきた男である。それを実現するには、少なくても、自分自身が自由に考え行動できる時間・空間が必要だし、それなりの軍資金がなければ何もできない。

いくら「人の前に明かりを灯す」「３００年後の子どもたちのために」「世界平和のために」と偉そうなことを言っても、それだけでは独りよがりで終わってしまう。

ところが、「人の前に明かりを灯す」という会社の理念を共有する仲間が集まり、仕事を通じて「夢の実現」にチャレンジして行けば、一歩ずつでも前に進んで行ける。久米はそう考えた。

だから第三企画は、いわゆる普通の株式会社ではない。「第三の会社組織」＝「営利を目的としない異色の株式会社」として誕生したのである。

もちろん、利益がなければ会社は存続できない。利益は会社の血液とも言うべき会社にとってなくてはならないものである。

もっとも、短期の利益を追うばかりで事業の社会的な意義や企業の使命というものに関心を持たない企業は長期的に生き続けるための利益を確保し続けていくことは難しい。社会にとって不必要な企業はどんどん淘汰されてしまうのだ。企業が生き残っていくためには、事業を通してしっかりと社会へ奉仕する信念がなくてはならない。

利益を上げることを目標にしなくても、第三企画が「社会に貢献し」「お客様のお役に立ち、可愛がっていただける企業ならば、仕事は決して途絶えることはない。利益は後から付いてくる。企業として存続していける」というのが久米の信念なのだ。

第三企画が不動産広告制作を手掛ける会社だといっても、子会社として「第三インプレッション」と呼ぶ印刷会社を持つ一種の印刷業でもある。印刷業界は大手には大日本印刷、凸版印刷、共同印刷といった巨大企業があり、その他の弱小・零細企業までを含めると凄まじく競争の激しい業界として知られる。

繁栄する時も、衰亡する時も共にする組織・団体・集団である
個人も家族も親類も、人類も地域も地球も共同体の一員である

同じ地球に居住し利害を共にする
政治・経済・風俗を織り交ぜても
地球を離れて一瞬も生きられない

共同体に貢献するということは
人類に貢献するということ
地球に貢献するということ

その貢献の実体は
目の上の睫《まつげ》が見えないように、見ることができない
地球の果てが見えないように、見ることができない

何故に見えない
それは、余りにも当たり前すぎるからである

それは、今私たちが毎日働いている場所だからである

そんな私たちは、一点集中全面突破をモットーとしている
この一点集中の一点こそ、第三企画という共同体である
個人の繁栄も、家族の繁栄も、日本国の繁栄も
人類の繁栄も、地球の繁栄も、この一点より始まる

私たちは第三企画という共同体の一員である
繁栄する時も、衰亡する時も共にする組織・団体・集団の一員である
個人も家族も親類も、人類も地域も地球も、同じ共同体の一員である
この共同体に貢献してこそ人間である
そう「生き甲斐」は、人間としての振る舞いの中に息づいている

◇久米

ＳＭＡＰに「ＮＯ・１にならなくてもいい　もともと特別なOnly one」という『世界に一つだけの花』（槇原敬之・作詞作曲）という歌がある。久米の経営哲学の基本はここにある。「誰が一番だなんて争うこともしないでバケツの中誇らしげにしゃんと胸を張っている　それなのに僕ら人間はどうしてこうも比べたがる？　一人一人違うのにその中で一番になりたがる？」

との花屋の花の言う通りだと久米は考えているのだろう。
だから、第三企画は同業者と仕事を奪い合うことはしない。社員に「安値競争をしてはいけない。自ら値引きはしてはならない。してよいことは、品質と納期を絶対に守ることだ」と義務付けている。

そもそもすべての人は　それなりの目的があってことを始める
そして目的以外のことで躓《つまず》き断念する
その時に当てはまる言葉
それが、「分かっちゃいるけど止められない」
確実に「私たち人間には二人の自分がいる」

そしていつの世も勝つ自分は決まっている
そう、勝つ自分は「事を始める目的を持つ自分」
そして、負ける自分は「その時々の誘惑に負ける自分」である
その誘惑の実体、それは
女性であり、友達であり、上司であり、家族である
いわゆる知識の中の人間をダメにする悪い知識の代表である

同時に良い知識の代表でもある
女性により、友達により、上司により、家族により
弱い自分に打ち克つ人も、少なくもいるにはいる
だったら「自分がその良い知識になればいい」
その「志」が第三企画の産みの親である
だから第三企画では、「良いことを強制する」

良いと分かっていることを積極的に行動し
悪いと分かっていることは積極的に正す
人間として正しいことを正しいままに
そのために、社員の皆さんに「三つの強制」をします
1、小さな事を怠らず努めることを
2、人様のお世話にならないように自立に努めることを
3、初心を忘れないように努めることを

そのために、全社業務に「四つの強制」をします

1、正しい礼儀の励行を
2、安心提供の励行を
3、迅速な対応の励行を
4、効率よい動きの励行を　効率とは、迷惑をかけない　◇久米

久米の経営の在り方は「俺について来い」方式と言える。といっても、久米は決して唯我独尊的なワンマン社長ではない。社員に何かを命令することはないし、激しい叱責の声を上げることもない。社員を呼び捨てにする事もなく、「○○君」「○○さん」と呼びかける。久米が何かをしたい時には、「こうしようよ」「こうしたいのだが」と明るく頼むのである。

とにかく、久米は真面目だし、明るい。信念を貫いている。酒は一滴も飲まない。お辞儀はいつも最敬礼。笑顔と元気。そのようなことで、よく彼を知らない人は、彼の陽気さと挨拶・礼儀正しさにちょっぴり不思議さを感じるらしい。時には「変わった人」という評価もあるが、それも「面白い人」「楽しい人」という意味を込めたあまり例を見ないチョッピリ「変人」なのである。

「バタフライ効果」を信じて

久米を支えた言葉がある。「アメリカがくしゃみをすると、日本は風邪を引く」「中国で蝶が羽ばたけば、アメリカで台風が起こる」であった。彼はただひたすらこの「バタフライ効果」を信じ続けてきた。

バタフライ効果とは、些細な小さなことが原因となってやがて思いもしないところで大きな現象を引き起こすことである。だから、久米は１回でも多く自分の想いを込めた〝くしゃみ〟をしよう、〝蝶として羽ばたこう〟と努めてきた。

その結果、カオスの中から夢が少しずつ形となりその夢と理想が次第に開花していった。無一文から始めた第三企画は今や年商37億円、社員数95人になる第三企画なのだ。依然として規模的には中小ないし中堅企業に過ぎないが、不動産広告および印刷を主体とする不況にもめげない地に足を付けた手堅い「オンリーワン企業」へと育っている。

２０１５（平成27）年、東京都新宿区が行った「新宿区優良企業表彰制度」に勧めもあって第三企画は戸惑いながら応募した。現在の本社は東京丸の内だが、当時は新宿区西新宿に本社があった。応募企業は21社に上っていた。その中から第三企画は「優秀賞」を受賞した。しかし、久米は「大変光栄なこと」と言いながら、少し物足りなさを覚えたという。最優秀賞ではなかった。優秀賞はいわば銅メダルであり「中途半端な評価」という感じが久米にはぬぐえなかった。それ故辞退しようとしたほどだ。

「利益がどれだけ上がっているかどうかより、第三企画の社会貢献や国際交流の実績を評価してほしかった」と久米は言いたかったのである。

もちろん、第三企画が取り組んできたＲＢＡＩで展開する国際交流は、商売や政治を全く抜きにした純粋な〝無欲・無私〟の民間外交である。真面目に真摯に本業で稼いだ収益を社員に分配した後、残ったお金を惜しげもなく国際交流と世界平和のために注ぎ込む。それを第三企画の使命としてきた。

久米は「利益を会社に貯め込むことは無駄なこと。自己資本を充実すると言って利益を会社に蓄積することは、それだけで経営は守りに入っている。守りに入れば会社に油断が生じる。その油断こそが会社を滅ぼすことになる。会社に利益を蓄えるのは単に安心感という暗示を掛けるだけに過ぎない。蓄えというモノで暗示を掛けたら、そのモノによって壊される。だから、モノでないもので暗示を掛ければ壊されることはない」と自説を説く。

久米は続ける。「長い日本の歴史を振り返ると、政権が変わっても生き残ってきたのはいわゆる水飲み百姓だけだ。逃げるところがないからその土地で生きるより仕方がない。これに対して、殿様でも豪商でもモノを持っているから取り上げられる。江戸時代には、徳川に刃向う恐れのある大名は国替えをさせられ、余所の土地に転封《てんぽう》された。明治に入ると廃藩置県で各地の殿様は領地を失いその城からいなくなった。それでも、日本の国内から他の国に逃げた殿様はいない。しかし、世界の国では戦いに負けるとそこにはいられなくなり、必死で他の地や他国に逃げる。かつて日本ではとにかく何も持たない水飲み百姓が生き残れた。百姓が一番強い。百姓は、全力でその地で生き残ろうとする。現代社会を見ると、企業でも栄えた企業ほど危うい」というのである。

「第三企画は蓄えることはしない。蓄えるとロクなことはない」「不況という嵐が来たら静かにして嵐が過ぎるのを待てばいい。会社に余分な蓄えは不要」「利益を出すことより、その利益を国際平和や未来の子どもたちのために使うことでより生きたおカネになる」と久米は語る。利益に重きを置かず、蓄えにも無関心。それよりも最新鋭のデジタル印刷機を子会社に積極的に導入し、顧客のニーズに応えていくことにも久米は力を傾ける。

大手の大日本印刷や凸版印刷、あるいは共同印刷ならいざ知らず、無名に近い第三企画の１００％子会社「第三インプレッション㈱」（埼玉県川口市大字新堀４９２－１）は、驚いたことに高速のデジタル印刷機を数十台備える印刷会社だ。首都圏を中心とした不動産流通会社の広告をスピーディに作成するのをメインの仕事にしている。顧客には、この業界の一流企業の名が並ぶ。

「どこよりも正確に短時日で美しく仕上げるのが強み」と久米は胸を張る。他社に先駆けてい

第三インプレッションのデジタル印刷機

ち早くデジタル化を推進してきた事で、いまや第三企画グループは不動産広告分野で抜きん出た存在になった。また、無水オフセット8色両面同時印刷機は低公害型の機種である」（久米）。そうしたところにも彼の地球環境への配慮が見える。

かつての中小印刷工場と言えば、インクで薄汚れ騒音が響く職場が普通だった。しかし、第三インプレッションは、インクの匂いもしないし、静かできわめて清潔な工場で、まるで新しい事務所の中にパソコンと大きなプリンターが並んでいるような様相を呈している。既にフル稼働状態にあり、建屋のスペースも十分に広く、設備の増強はいつでも可能だ。

自分の会社の財務体質改善よりも、「世界平和」「環境対策」「他人の幸せ」「不動産業界の繁栄と発展と親睦」「お客様は神様」などを最優先した上で、「社員を守り、終身雇用は絶対にやめない」と強調する久米。そのような考えの社長など、一体他にどこにいるのだろうか。そう見ると第三企画こそ、まさに独自性豊かな「オンリーワン企業」としての堂々たる「とんでもない企業」と言えるであろう。

久米は「ナンバーワン」と「オンリーワン」について次のように表現している。

存在自体がオンリーワン　勇気を出そう　道は開ける

ナンバーワン、ナンバーワンを目指せと
高い目標を掲げろ、目標達成に励めと
成功のため、成長のため　遠い目標に向かって今日一日を生きよ
計画に沿って確実にと
しかし、現実の日々において躓くのは弱点と不得意部分

誰に言われなくても　どうしてもその部分が気になる
だから見つめ直す
弱点と欠点と弱い意志　忘れまいと念を押す

自分の得意を知ることなく　自分の強みを知ることなく
ナンバーワンを奨励しながらオンリーワンも賛美している
最初からこの世に同じものは二つと無いにも関わらず

今いること自体がオンリーワン

この世に生を受けた時点でオンリーワン
人と違ってこその貴方、それでこそオンリーワン

いつも周りと比較され　負けるな！　がんばれ！
しかし、この世は勝者のいない競争社会
舞台は絶えず新しい主役を用意する

そんなことに振り回されず　自分に対する無理な要望を止めてみよう！
勇気を出して止めてみよう！
きっと、きっと道は開けるから

◇久米

国際交流の端緒を求めてオーストラリアの地を独り踏んだあの時からおよそ30数年が過ぎ、２０１８（平成30）年1月23日の誕生日に、久米信廣は67歳となった。

「継続は力なり」という。人生のビジョンを立てて、そのビジョンに向かい、一点の曇りもなくビジョンに沿った行動を継続する。そうすれば、必ず一歩ずつでも結果に近づいていくものだ。

久米は「使命感」の塊《かたまり》のような人間である。使命とは「命を使う」と書く。久米は「僕のいう生きるということは、自分の命を使うこと。何かに命をかけること。それは意味を作り上げ

ることであり、価値を創造することである」と語っている。
久米は、「生きる」ということについて次のように考えている。

生きるとは他の命をもらうということ　貰った命で活動するということ
そしてその食べられる命たちは　僕たちに食べられることによって
それまで生きてきた意味を持ち　価値を持つことができる

僕たちが豚でなく、鶏でなく、人間に生まれてきたから
無意識でも意味となり、価値となる
だから食べるだけではいけない　もらった命を忘れてはいけない
だから僕たちの社会では成人すれば仕事をするようになっている
世界中でそのような仕組みになっている

仕事とは、意味を作ること、価値を創ること、僕がここでいう「仕事」は
利益を上げることでもなければ、給料をもらうことでもない
僕は仕事とは「生きること」だと捉えている
故に「生きる」とは、「何かを作り出す行為」であり

また、「何かを成し遂げるための行為」である

僕たちは食べたものの意味となり、価値となる
それは食べられた命を無駄にしないことであり、次に繋げることである
欲望を満たすことではない　僕たちが、食べてこの命に明かりが灯ったように
他の命を食べる僕たちは、他の者の明かりとなって灯らなければならない
でなければ、命の連鎖を人間の部分で断ち切ることになってしまう

生きるという食べる食べられるという命の連鎖
その一端を担う人間、他の生き物に食べられることのない人間
この場合、生産活動こそが人間が生きる理由となる
だからこそ僕たちは　してもらうだけでなく　自らできるようになるだけでなく
してあげるようにならなければならない

この一連の動きと行為が、僕たちが「生き切る」ということだから
人の前の明かりとなって「生き切る」ために集い合う

◇久米

これが「久米的」「久米適」な思考法による久米という男の生き方であり、仕事感・行動方針である。

正直者がバカを見ない世の中の建設

株式会社の延長線上にあるとはいえ、第三企画は株式会社でありながら、「営利」を目的にする会社ではない。では、何を目指す会社なのだろうか。「松下政経塾でもなければ稲盛塾でもない異次元に位置する純粋な私設教育機関である」と久米は自ら創設した事業について語っている。

その設立の目的は、
①正直者がバカを見ない世の中の建設
②真面目に働く人がそれ相応の評価を得られる世の中の建設
③力ある者がそうでない人達のために貢献する世の中の建設
であり、第三企画はそれらの実現のためにすべての活動があると久米は言うのだ。

その志のほとばしりが「人の前に明かりを灯す」である。
「人の前の明かり」となるためには、政治的競争に負けてはならないし、経済的競争に負けてはならないと久米は意識してきた。
なので、久米はどうしてきたのか？

もともと人間は弱い生き物である。
政治家を見よ、大手企業のトップたちを見よ。
皆、己の欲望に溺れ、良識を失っているではないか。
例えば、政治家がその見本だろう。
国家・国民のために尽くし、国家の将来像を示すのが
本来の政治家たる者の仕事である。
ところが、国民を騙《だま》し欺《あざむ》き、この日本を危うい方向に
舵を進めているのが政治家ではないか。
人間は、社会の中で力を合わせながら生きている
だからこそ、自分の能力で社会に貢献ができた時
人間としての大きな喜びを手にすることができる
みんなと苦楽を共にする時
家庭で、職場で、周囲の人たちから信頼される時
自分の役割や社会における立ち位置が確かなものになってくる

◇久米

人間とは弱いものだという認識があるからこそ、久米は弱き自分と戦い続けている。久米は己に厳しい人間である。それは、母の富美代の教えに基づいている。

〈母久米富美代の教え〉
①自分の社会的・経済的実力に応じた生活の中から、世間に寄与しなければならない。
②人生万事、利害を捨て、筋道に従わなければならない。
③社会の秩序を保つための規範・作法に即って行動しなければならない。
④流行に身を任せてはならない。
⑤人を欺いてはならない。自らの言をたがえて（変えて）はならない

「第三企画に集う者たちは、もともと負けない人間として生まれてきている」と久米はいう。だから彼らは、「社会貢献競争開幕の号砲」を轟《とどろ》かせた存在として立ち上がり、走り続けてきた。この場合の「号砲」とは、感性の力・徳の力・人格の力による勝利への合図である。それは、ある利害関係によって成立する関係ではなく、地球レベルに及ぶ創造的友好関係の構築を目指す行動である。

このため、久米は第三企画社員に、人格を磨き人間の力を高め・強め・深めることに全力を挙げることを求め徹底する。それこそが「今やらなければならないこと、やるべきこと」なのだ。

久米は次のように語る。

「第三の企《くわだ》て」である第三企画は、そんな人たちの集合体である。それが、世界のどこにも存在しない企業形態だから「異次元の組織形態」であり、久米信廣による「俺について来い」としか表現できない組織になっている。

久米は自分自身と同時に第三企画の全社員に次のように要望している。

①社員各々を尊重し、尊敬し、また家族に対する責任を十分果たすことができるよう配慮しなければならない。
②社員皆が安心して仕事に従事できるよう、公正かつ適切な待遇を確保するとともに、清潔で、整理され、かつ安全な働く環境を整備しなければならない。
③他の社員の提案、苦情等はいついかなる時でも経営層に届くように、風通しの良い環境を維持しなければならない。
④あらゆる年齢層の社員が、その能力に応じて雇用、能力開発および昇進の機会が与えられるよう、柔軟で協調的な組織づくりをしなければならない。
⑤部下のうち有能な者を管理者に登用しなければならない。またその管理者に登用された者は、公正かつ道義にかなう組織人でなければならない。
◇久米

これが、久米の「俺について来い」という経営の流儀の一端である。

第三企画は「人間関係業」

日本の国には様々な業界がある。景気の良い業界もあれば、悪い業界もある。世の中に必要とされ最先端に立っている業界もあれば、そうでない時代遅れの業界もある。

今からおよそ40年前のことだった。日本の不動産業界はまとまりのない、些か身勝手な振舞いの目立つ企業が乱立する縦割りで協調性のない業界と言える姿をしていた。そんな中、「このままではいけない」と言い出した男がいた。彼は、業界では全く無名の一人の若い不動産広告の零細企業の経営者だった。

周囲からは「そんなの無理。できるわけがない」と止められた。しかし、彼は「業界の乱れは国の乱れ」と言って、「皆が一つになって新しい業界づくりをすべきだ」と主張したのである。そして、縦割りになり身勝手が罷り通る業界をスポーツという軸で横串を差す作業を開始したのだった。

誰もが「それは無理だ。できるはずがない」と思っていたことを一つずつ仲間と一緒にやり遂げたその男が第三企画の久米信廣である。

「第三企画は何の会社か」と久米に問うと「人間関係業です」、あるいは「人間関係を商品としている情報総合商社です」との答えが返ってくる。

「人間関係業」という業種・業界の名前を誰か聞いたことはあるだろうか。日本における業種・業界の分け方は、証券コード協議会などにより分類されており、「水産・農林」「建設」「食品」「サービス」「情報通信」「卸売・小売」「繊維」「化学」「医薬品」「鉄鋼」「電気機器」「精密機器」「銀行・証券」「運輸」「電気・ガス」等々となっている。

では、日本の業種分類において他に例を見ない「人間関係業」とはいかなる事業を言うのだろうか。第三企画は「人の前に明かりを灯す。私たちは、仲間の前に、お客様の前に、家族の前に、友達の前に、恋人の前に、協力会社さんの前に、毎日接する多くの皆様の前に、そして私たちの後に続く子どもたちの前に、私たちの〝生き様〟という明かりを灯し続けます」という経営理念を掲げている。

久米が一番大事にしていることは、何をやっているかよりも「人間関係」そのものである。久米は次のように述べている。「私たちの振る舞いそのものが商品なのです。その振る舞いをお客様が必要とするから、お客様はその商品を買い求め、その結果、当社の売上が立つのです。私たちの仕事への姿勢が、当社の技術となり、当社の誠意となってお客様の満足を呼び起こし、それが第三企画の信用となって結実するのです」というのである。

人間関係は、人生そのものである。唯一自らの人生を守ってくれるのが「人間関係」なのだ。

そんな重要な一大事を私たちは仕事にしている。

故に、仕事に人柄が現れる。人格が現れる。

第三企画で言う仕事は、お客様から大切な用事を頼まれ、それに応じることである。

お客様からの働き掛けに応えての一挙手一投足は、否応なしに結果に現れる。

その一連の私たちの応じ方、結果の良し悪しはすべてお客様の心に刻まれる。

この瞬間こそが「人間関係」の始まりか終わりかとなる。

お客様の心に刻まれた好き嫌い、善し悪しという感情の心模様。

その模様が無意識に私たちを格付けし、距離の近さ遠さに変わる。

「人間関係」が無価値なら放置され、価値有りなら「ブレーン」として重宝される。

お客様においてもただ一回しかない人生。ムダは許されない。

だからこそ、第三企画にとって仕事が何の業種・業界なのかは関係ない。

最高の「人間関係」こそ、最高の仕事なのだ。だから我々の仕事は「人間関係業」なのである。

◇久米

「世界平和のために」――久米は16歳の時に自分にこう誓ったことを忘れずにここまで来た。

そして、その熱い思いを今もって自分自身の生き方に、また会社経営の在り方にあたかも水車が水の力で絶えることなく回り続けているように持ち続けている。

つまり、第三企画は金儲けのためだとか、キャリアアップのためだとか、好きなことをしたいからだとか、個人的な欲望を満たすために会社があるのではないということである。

では何のために第三企画はあるのか。

それは、「人間が人間らしい生活ができるのは地球のお陰であり、だからこの地球への恩返しという意味で仕事をしているのが第三企画のレゾンデートル（存在価値）だ」と久米は考えている。

「現在の日本は、政治が悪いのではない。それを動かす政治家が悪いのである。では、悪い人を政治家にしているのは誰ですかということをわれわれは今、真剣に考えなければならない」と久米は言う。

「誰が悪い、彼が悪いというが、自分が悪いという風潮は、現在、ほとんど見られなくなってしまった。しかし、元々の日本は大和心であり、武士道を精神文化としてきたことに目を向ける必要がある」と語る。

「日本の文化は〝恥の文化〟と言われてきた。これは、自分が悪いという認識を自らが持つことである。世間に恥じないような自分を作ることは、自分にしかできない。このために、自分の行動を慎み、常に相手の存在に心を配るのが日本人の心である。しかし、今日の日本では、自分さえよければいいと考える恥知らずな人間が増えている。とても残念なことだ。思いやり、おもてなしの心も同じである。今、日本からは、そうした美しい心や精神、姿勢が急速に失われている」と久米は嘆く。

そこで、「第三企画は〝真面目に生きている〟という生き方で、どんどん日本の国を感化していこう、日本を元の日本に戻さなければならないと考えてきた。それを言葉だけでなく、行動に現し、日本を変えることを使命として燃えている」のが久米である。

久米は「僕の使命は、人類が子々孫々をこの地球に残せるように、幸せに生きられるように、そのためにこの地球を守ること。平和な世界をつくることにある。地球上に住む人類の命を少しでも長くしたい。それが天から与えられた僕の使命である」という。

そして、「咲いた花は枯れる。しかし、咲かない花は枯れない。第三企画は出過ぎない。僕も決して表に出ない。目立つことはしない。だが、裏ではいくらでも頑張る。視線が自分に集まったら隠れろ。静かに陰で生き続ける。それがわが社と僕の生き方である」と。それも、久米が母親・富美代から教わった教訓である。

第三企画に負けはない

第三企画は目標に拘り続け、それに徹する会社である。第三企画の目標は「人の前に明かりを灯す」ことによって「３００年後に生まれてくる子どもたちに今以上の地球環境を残す」ことにある。久米は言う。「世の中には、ただ自分が儲ければいい、利益が上がればいい、それが幸せだ、と考える人がいる。しかし、それだけではいけない。最近になって世の中ではようやく経済成長一辺倒で突き進んできたことへの反省が出てきたようだが、正しい目標をしっかりと持つ必要がある」というのだ。

もっとも、単に目標を持てばよいというのではなく、その目標の中味は問わないとか、何でもよいというわけではないのは当然だろう。人の世の中である以上、人間は一人では生きられないのがこの世の中である。何より考えなければならないことは、私たちは常に誰かと共同生活して命を永らえてきたということである。したがって、私たちの目標が何でもよいはずはないと言える。

久米は「目標をいくつ掲げてもよいが、ただ、次の3点の条件を満たすものでなければならない」と語る。そして「その①は世の中に役立つこと、何故なら人間は誰であっても何事も一人ではできないから、その②は自分を前進させるもの、何故なら自分を下げるものでは一人になってしまうから、③は自分や周りを幸せにするもの、何故なら他人が不幸になれば一人ぼっちになってしまうから」だと三つの条件を挙げる。

経営とは「方針を定め組織を整えて、目的を達成するよう持続的に事を行うこと、特に会社事業を営むこと」と大辞林にある。

一般的に言われている会社の経営とは「必要な資源を使って商品をつくり、それを販売して利益を生み出していくこと」である。しかし、同じ会社形態を採る第三企画は、「モノやサービスを提供して利益を上げる（ここまでは一般的経営と同じ）が、社会への貢献と、社員への分配を持続的に行うこと」を目的とする経営を行うことを特徴としている。

つまり、一般的な経営におけるポイントが「資源」と「利益」にあるのに対し、第三企画の場合はポイントが「社会への貢献」「社員への分配」「持続的」にあるのが分かろう。経営の目的が、「利益を上げる」ことに尽きるのならば、経営者は利益を出すことに全力を挙げることに徹する。しかし、その結果は、「法律を犯さなければいいではないか」になり、まるで犬や猫と同じ動物的欲望の世界の生き方となりかねない。

それが証拠に、利益を上げた会社の多くは、脱税・使い込み・ギャンブル・女性・骨董品収集・飽食・贅沢な生活等々で、セレブと言われる人たちが世間を賑わしている。

この現象への分岐点は、経営のポイントである「資源」の考え方にある。世間一般の経営学では、「経営資源」とは「ヒト・モノ・カネ・情報」であるとされている。この資源の中に「ヒト」が入っている。「ヒト」が「人」でなく「資源」扱いにされている。「人」は鉄鉱石や石油のように資源なのか。バカを言うな。ここに会社が繁栄して社員が衰退していく原因があり、所得の二極化現象が進み、政治における投票率の低下現象が起こる原因が潜んでいるのだ。

第三企画は、「人」を「経営資源」とする現代の経営学に「否」と手を挙げる。第三企画においては「人」はどこまで行っても「人間」であり、「人間」の尊重こそが経営の目的である。

吾が社員（友）よ　この一点を見失うな！　この一点に生き抜け！

僕に負けは許されなかった、ナポレオンではないが負けは無い
負けるということは、僕でなくなるということだったから
一瞬一瞬が真剣だった、一瞬に持てるものをすべて出し切った
それは一瞬一瞬に全部の心を集中すること
一瞬一瞬に全身の力を出し切ることだった

持てるものは何ひとつ残さない、最高に研ぎ澄まされた感覚
その上で見るものは内にある力
気にするのは残さず出し切ることだった
何時いかなる時に起こっても、すべてを出し切れるように
感覚を研ぎ澄ますことを忘れなかった、だから当時の顔にゆとりはない

オオカミに囲まれて暮らす一日、まさにその通り野生のままだった
僕はオオカミみたいな業者にも負けなかった
僕の平和の砦には、禿鷹みたいな競合他社にも
ハイエナみたいな人物にも立ち入ることを許さなかった

それらとの戦いで負けないために義経を手本とした
宇治川の戦いでは、降り注ぐ矢の宇治川を歩いて渡る決死の突撃を
一の谷の合戦では、鵯越《ひよどりごえ》を突破という断崖絶壁からの奇襲攻撃を
屋島の合戦では、暴風雨のなか少数の船での出撃敢行

義経の二年間のすべては、死を覚悟した軍事行動が手にした勝利
最後の合戦となる壇ノ浦では、八艘飛びの伝説が残る
鎌倉幕府は、義経の捨て身の覚悟と死を恐れない勇敢さ、
それに潔い精神が打ち立てたものである

だから、負けられない僕も、死を恐れない捨て身の覚悟と
倒産を恐れない勇敢さを基調に仕事した
第三企画の基礎は、この二つの精神なのである

しかし義経に嫉妬し恐れた頼朝は
義経の所領をすべて没収してしまう
最後には追い詰め、１１８９年４月自害させた

すべては自らの権威の維持のために

僕にとっての義経は、
三つの合戦で戦う「果敢に」して「機敏に」戦う義経
腰越状で見せる「素直に」、「愚直に」、「律儀に」徹する義経である

最後まで信じるところを貫き通した義経の生き様
忠臣蔵と並んで、芯を貫く生き様である
だから僕は義経の生き方をお手本としてきた

◇久米

久米は、「すべての国民にとって必要な不動産業界がいつまでも縦割りでバラバラになっているのはおかしい」と主張し、「業界のみんなが一つになるべきだ」と信じ、まずスポーツという軸で縦割りを横に貫く作業を開始したのである。

久米は第三企画の仲間と一緒に、その取り組みを30余年にわたって真剣に続けてきた。だからこそ、縦割りになっていた業界に、横のつながりが出てきたのである。このような観点から仕事を捉えているのが第三企画であり、そこには自分の金儲けのためだとか、キャリアアップのためだとか、好きなことをしたいからだとか、そうした個人的な欲望を満たすために働いて

いるという考えはない。

つまり、「第三企画は自分のためでもなく、生活のためでもなく、家族のためでもない。自分たちが家族を養っていくことができるのも、家族と共に生きることができるのも、自分の好きなことができるのも、すべて地球のものを食べているからだということを再認識するために仕事をしているのです」というのが久米の認識なのである。

久米には一つの信念がある。それは「第三企画に負けはない」という基本信念である。「信念」とはすべてを受け入れる「信」と、今の心と書く「念」で構成されている。その信じて受け入れたものを現実のものとすること、これが「信念」だと久米は語る。信念の旗をあきらめて降ろさなければ、そこに負けはない。したがって、久米に言わせれば、「第三企画に負けはない」のであり、今もこれからも「第三企画に負けはない」との現実を作り出すために、久米は水車の如く止まることを知らずに回り続けていくのだろう。

「叱る」とは、相手のよくない言動が止まるまで注意すること

その上で誤りを正す方法を示し導く行為である

日々の仕事の中で、誤った行動をしている人たちは

自分の誤りに気付いていないばかりか

良かれと思って繰り返している人たちである
そこを指摘してあげ、修正への助言を行う
正しい行動へと伴走する人がリーダー（指揮をする人）である

誤った仕事をしている人に、
どこが間違っているのか、何が足りないのか
どうすればいいのか、を指し示し
伴走しながら決勝点に立つ人がリーダーである

叱るの「ヒ」は、切るの意味
口の横に、切る「ヒ」を置いて
「口を以て誤りを切る」、この行為こそが「叱る」意味である

自分の誤りに気付いていない状態を口で切る振る舞い
良かれと思って繰り返している状態を口で切る振る舞い
切った後、正しい行動へと模範を示しながら導いていく言動の人

故に、理念に基づく正しい仕事、正しい振る舞いが分からない人や分かっていても叱ることができない人は
リーダーに相応《ふさわ》しくない人である
この意味においてリーダーは、理念に基づく言行一致の人を指す

◇久米

「士魂商道」をまっしぐら

久米は、創業より38年間、どれほど社運を賭けてきただろうか。倒産の危機に瀕した時も、涎《よだれ》がでるようなうまい話の時も、いつも「不正」を憎んできた。絶対に許せなかった。相手がどんな強大な企業であっても相手が正しくない姿勢で来ればそれに真正面から対峙した。

仲間から、「止めておけ、そんなことをしたら潰されるだけだ」とのありがたい忠告にも耳を貸さず、ドン・キホーテの如く風車に突進。しかし風車に負けることなく40年近い歴史を迎えられている。

その訳は、久米がまっとうな日本人だからである。この日本には、不正を許さない土壌が脈打っているからだ。久米は勝手にそう信じている。

だから自分が日本人であることを信じ、相手となっている人が日本人だと信じるからこそ、どんな事態にでも、どんな相手にでも、全力全身で事に当たってきた。そんな姿勢の源は「葉

隠」の中にある「武士とは死ぬことと見つけたり」から学んだものであった。

久米の好きな言葉に、「一回しかない人生」がある。誰もが一回しかない人生。だったら、すべてのことを死ぬ気で、しかも筋を通していこうと久米は決めたのである。その実践が回を重ねるごとに「士道」（侍の生き方）という言葉になってきた。

それほど、「社運を賭ける」は久米にとって日常化した振る舞いだった。そして、久米の「勇気」の現れとも言えた。

久米は「お客様は、主君」と解釈している。だから第三企画には、「無理です」、「できません」は社員の間に存在しない。どうしても口にしなければならない場合は、社長の許可を取らない限りできない仕組みになっている。その逆の「できます」については誰であっても、どんな時であっても、誰の許可も無く口にすることができる。

それは、第三企画を指名していただいたお客様には、（会社を賭けて）全力でお客様に尽くすのが第三企画であるとの唯一の〝社内における法律〟があるからである。それは言葉だけでなく、そのための社員の振る舞いに関しては一切の責任を会社が取るというところまで決めている。

理由は、第三企画が「水は上から下に流れる」ということの道理を尊重しているからである。この世に存在するものは、その存在する理を持ち、存在する道を持って生まれてきている。だから、どんなことがあっても人間社会における社会的地位を尊重し、いかなる時も相応の敬意を払う振る舞いが道理に則《のっと》ることだと久米は言う。

この振る舞いを、第三企画流「礼儀」と言っている。それは独自の挨拶の仕方、言葉の発し方、身の処し方、言葉そのものすべてが含まれている。久米自身がそれを実践・実行している。久米は自らの立ち居振る舞いに日頃から気を付けている。

久米の歩き方は背筋を伸ばし、顔は正面を向き速足で歩く。決してダラダラとノンビリ歩くことはしない。体型を見ても、極めてスリムである。酒は一切飲まず、暴飲暴食もしない。だから肥満とは縁がない。

挨拶をする時は両手を伸ばしピタリと両方の腿《もも》の辺りに置き、上体を腰から30度の敬礼ないしは45度の最敬礼の姿を取る。相手と話す時には相手の目を見て笑顔で話す。久米が参考にしたのが、一流ホテルのホテルマンの立ち居振る舞いだという。

第三企画が株式会社という法で定められた「人」（法人）だから、社員である個人における喜怒哀楽は押し殺すことにしている。どんなに悲しくても、つらくても、悔しくても、第三企画の社員はお客様の前に出る時は常に笑顔。いつもいつも、「明るく・楽しく・元気いっぱい」でなければならないと久米は社員に語る。それを第三企画は、「克己」と表現している。

だから個人が責任を取ることはない。何があっても第三企画という法人が個人を守る。誰かがいてくれるから生きられる。なので、いてくれる人に感謝する。喜怒哀楽があっても、終われば同じ一回しかない人生を生きる。

同じ人間だから人を大切に、常に現場に生きる姿勢を崩さない。
そして、世界に誇る「メイドイン日本」「第三ワールド」という理想を現実のものとするために日々全力を尽くすことに久米は拘り続けている。

人という字は、「二人が寄り添っている字」だと言われ
身近な同族や隣人仲間を意味している

社会でしか生きられない人間は　誰もが一人では生きていけない
群れて生きるしかない、生き物
そんな人である私たち人間の喜びは　同じく暮らしている多くの人間に
必要とされることであり役に立つこと
さらには誉められること、愛されること

究極の苛めが「無視」といわれるのは
その人から喜びの総てを取り去る行為だから
人間関係を絶たれることは、喜びを絶たれること
だから第三企画の目的は「生きる喜びの創造」に置かれ

第三企画の在るべき姿は　「人の前に明かりを灯す」なのである

そこから、第三企画の日々の仕事は　必要とされる第三企画となるために
お役に立てる第三企画となるために　口に謳われる第三企画となるために
可愛がられる第三企画となるために

必要とされる度合いは、売り上げに表れる
お役に立てる度合いも、売り上げに表れる
満足を届けた度合いは、リピート率に表れる
口に謳われる度合いは、リピート率に表れる
可愛がられる度合いは、ブランド力に表れる

総じて、私たち人間の生きる喜びは　日常の仕事に隠れている
吾が友よ、今日もそれを忘れるな

◇久米

C型肝炎との闘い

家庭環境が子どもの性格に大きな影響を与えることは言うまでもない。良い人間を育てるにはまず良い家庭を作ることが何よりも大切だ。

8年間の大学生活に別れを告げて社会人になろうとした時、久米を受け入れてくれる会社はとうとう見つからなかった。そこで久米は、「それなら自分でやるからには社会に貢献できる仕事をやろう」と決めた。

どんな業界でどのような仕事をするのが、社会に役に立つ仕事だろうかと考えていた久米は、子どもたちのために良い家庭を作るには、まず家そのものがなければ家庭づくりは始まらないと気が付いた。では、家を売る仕事をしているのは、もちろん大工さんや建設会社、工務店さんも家づくりの仕事をしているが、やはり家の売買をしているのが仲介業を含めた不動産会社である。

しかし、この不動産業というのは、当時、日本でも指折りの近代化の遅れた不正が罷り通る業界だった。平気でお客様に嘘を言い、売ってしまえば後は知らぬふりと言うのが当たり前と言える状態になっていた。

お客様にとって、家は一生の買い物。その大事な買い物に際し、業者に嘘をつかれ、騙されたとしたら、それはすさまじく不幸なことで、あってはならないことである。そこで、久米の正義感に火がついた。「それならば不動産会社の正常化・近代化を何とかすべきだ」と。

しかし、自分が不動産業に従事すれば、自分自身が周囲の環境に溺れてしまうかも知れない、あるいは環境に流されてしまうという危険性を久米は事前に感じ取っていた。したがって、不動産業界から一歩離れたところで事業を始めた方が良いのではないか。そうした考えで、不動産広告の事業を興すに至ったのである。それが、第三企画株式会社であった。


久米が43歳の時、C型肝炎が判明した。かつて大けがをした時に、身体中の全血液を総入れ替えするほど輸血をせざるを得なかった際の後遺症である。C型肝炎は、ウィルス性の肝炎で、なかなか治りにくい病気だ。中国で食中毒になり、帰国してからも体調不良が続いたため病院に行って検査をしてもらうと、C型肝炎と分かった。最初は大変な病気だと分かっておらずそのままにしていたが、1年後、知人の医者に言われて病院に行ったところ即入院となった。

その治療法について医者と相談した結果、久米はインターフェロンの注射を打つことにした。インターフェロンは、C型肝炎やガンなどの治療に用いられる薬である。このインターフェロンは、C型肝炎に最も有効的な治療法と言われている一方で、強い副作用があることでも有名だ。この薬を注射した人はうつ病になって自殺に走るとか、情緒不安定になって交通事故に遭う人も少なくない。

しかし、病気を治すために、そのインターフェロン治療を久米は3年間続けた。注射の度に副作用が現れる。実際、この治療法は相当きつかった。インターフェロンを打つとまず熱が出る。関節が痛くなり、吐き気がする。さらに精神不安定になるのだ。

1週間に1度、ちょうど副作用が治まってきた頃にまた次の注射を打ちに行く。するとまた精神不安定に戻ってしまう。ご飯が食べられなくなり、気持ちが悪いので戻してしまう。水は飲めた。なのでインターフェロンを打っている期間はほぼ毎日お茶漬けをかき込んだ。胃の中に流し込んだのである。熱があり、年中下痢をしている状態で、体重は10kg以上減った。

そんな中で久米は毎日出社を欠かすことがなかった。会社を休まなかった。会社への通勤はとてもきつい。そうした時、主治医はたった一言、「あなたの身体はなんともなっていませんから」とだけ言ったのである。

ということは、〝自分は精神的に不安定なだけだ〟ということに彼は気が付いた。要するに「気分が悪いのだけれど体はまとも」という状況だと。

この時、「人間には精神と肉体がある、精神と肉体に分かれている」ということが明確に分かったのである。「気分が悪いのだけれど体はまとも」であるなら、精神を強くすることで苦痛を克服できるはず。そう、己に克つこと、つまり「克己」こそが、大切なのである。身体が悪いのではなく、精神が参っているのなら、それの克服に努力すればいい。それが結論だった。

第三企画の原動力となってきたもの

久米は、１９７１（昭和46）年に日本大学藝術学部映画科に入学した。その頃は映画監督になろうと思っていたこともあるが、本当のところはとにかく生まれ育った徳島を一刻も早く離れ、誰も知り合いがいない東京に出て一人で暮らしたいというのが本音だった。東京に出てくる以前、久米は「郷里の徳島が嫌で嫌でたまらなかった」という。「自分の周りにいる人たちがみんな自分のことしか考えていないエゴイストに見えた」からである。

だが、何か新しい大きな人生が始まるのではないかと期待と夢を膨らませて出てきた東京は、久米が思い描いていた誰からも束縛されず自由でやりたいことができる解放された世界とは違っていた。「空が哭《な》いてる煤《すす》け汚されて　ひとはやさしさをどこに棄ててきたの」――前川清の歌う『東京砂漠』が久米の前に広がっていた。

下宿の狭い部屋で、東京に出てきた頃の久米は落ち込んでいた。勉強しようと本を読み始めても身が入らない。外に行って気分を晴らそうとしても、無目的に歩いていては面白くもない。虚しくなるばかり。大学に行っても、話をする友人もいない。食事も一人。寂しかった。苦しかった。辛かった。何とかそんな孤独な生活から抜け出そうと必死でもがいた。だが、誰も助けてはくれない。

そんな経験を通じ、久米は「人間は一人では生きられない動物」であることに気付かされた。慈愛に満ちた母の姿、厳しい父の一言、仲良しの弟を思い出し、「自分は何をやっているのか」と反省する毎日。大言壮語して田舎から出てきた身からすれば、いつまでも親に迷惑を掛けてはいられない。自分が能動的に動かねば何も始まらないと感じた。学費はともかく、小遣い程度は自分で稼ごうと立ち上がりアルバイトを始めた。

19オのアルバイト　僕にとってはとんでもない挑戦だった
決められた時間に出社という現実
日藝（日本大学藝術学部）をいいことに芸術家ぶった生活、もどきの仲間たち
どれをとっても一人前には程遠い独りよがり
だからといって生き甲斐があるわけもなく　やり甲斐があるわけでもない

そんな僕にも、数人の友達と先輩は必要だった
寂しがり屋だけに独りは避けなければならない
典型的な甘えん坊という切実な事情からである

そんな数少ない先輩や友達は僕にやさしく接してくれた

なかなか扉を開けず居留守を使う僕なのに
そんな数少ない先輩や友達は夜な夜な僕の面倒を見てくれた
だらだら話す僕の言葉に耳を傾けてくれた

そんな数少ない先輩や友達は心こもる気配りを施してくれた
時に飲み物を、時に食べ物を持って来てくれた

環境になじめず落ち込み、孤立する時には身を乗り出し相談に乗ってくれた
忙しい中であっても励ましの手紙をくれた

また、ドアに挟まれた置き手紙に胸が熱くなった
嫌だけど、邪魔くさいけど、それを待っている自分がいた
いつしか思いやられて明日への希望を見るようになった

本当に有り難かったし、嬉しかった　東京に来て独りぽっちと思っていた
でも独りでなかった　分かってくれる人がいた

あの時の先輩がいなければ　あの時の友達がいなければ
今の僕は絶対にあり得ない

まるで家族のようだった　温かかった　温もりがあった
また頑張ろうと力が湧いてきた

その時、「他者に尽くす」という種が植えられたのだろう
夜中の先輩の足跡と　朝方まで話を聞いてくれた思い出
それらを今まで大事に模倣してきた

仲間の悩みをとことん聞いてきた
困っている仲間にできること以上のことをしてきた
自分が食べなくても仲間にはご飯も御馳走してきた

不便に思っていることがあれば、直ぐに手を打ってきた
もっと欲しいと仲間が言えば、直ぐに用意し渡してきた
噂を耳にすれば、確認する前にできることからしてきた

そんな僕を、甘やかしているといい　ダメにすると暗に批判
最後はそれみろ！　と言われてきた

それでも僕は止めてない　今もできること以上にしてあげようと勉めている
誰に何を言われようとも

その原動力は
あの貧しい青春時代に毎日毎日食べさせてくれた人がいてくれたこと
一銭の得にもならない僕のために　大切な自分の時間を割いてくれたこと
自信ない僕を信じ、君は将来社長になる人だからと話してくれたこと

僕に接してくれた先輩の一挙手一投足を
「他者に尽くす生き方の手本」と模倣してきた
それが「人の前に明かりを灯す」の創造となった

親身にみてくれた先輩方や仲間　道を拓いてくれた先輩方や仲間
すべてのお世話になった人たちへの恩返しとして第三企画を創った

もっともお世話になった先輩の名は　毎晩毎晩ノックしてくれた中込さん
「くめ君、いるの分かっているよ。さっき電気が消えたよ」って・・・　◇久米

そう、第三企画の原動力は「感謝の心」「恩返しの精神」にある。「あの時の先輩がいなければ、あの時の友達がいなければ、今の僕は絶対にあり得ない。まるで家族のようだった。温かかった。温もりがあった。また頑張ろうと力が湧いてきた。その時、〝他者に尽くす〟という種が植えられたのだろう。夜中の先輩の足跡と朝方まで話を聞いてくれた思い出。それらを今まで大事に模倣してきた」のが創業以前からの久米の姿である。

「あの貧しい青春時代に毎日毎日食べさせてくれた人がいてくれたこと。一銭の得にもならない僕の為に大切な自分の時間を割いてくれたこと。自信ない僕を信じ、君は将来社長になる人だからと話してくれたこと。僕に接してくれた先輩の一挙手一投足を、他者に尽くす生き方の手本として模倣してきた。それが〝人の前に明かりを灯す〟の創造となった」のだった。

「百瀬久米《きゅうべい》」の名をいただく

久米は経営者になってからも大変な勉強家・読書家である。とにかく彼の読書量は半端ではない。自宅は万巻の書で埋まっている。もうこれ以上、書斎に本を置く場がなくなった。

久米が勉強家であることの証明は、２００３年4月に明治大学大学院に入学、２００６年３月に『アジアの中小企業の経営風土と工業団地に関する研究』で、明治大学から「経済学博士」の称号を得たことにも現れている。博士号取得は久米54歳の時である。明治大学大学院政治経済学研究科は、他の大学に比べ「博士号」授与に厳しい大学院として知られている。何故なら、知識だけではなく「人間性」を重視しているからである。

百瀬恵夫・明治大学名誉教授

久米は明治大学大学院博士後期課程において政経学部の伊藤正昭教授（現在は名誉教授）と「この人あり」と言われてきた学部長の百瀬恵夫教授（現在は名誉教授・経済学博士）とに師事した。百瀬教授は風土論・中小企業研究・協同組合研究で我国を代表する研究者として知られる存在。しかも、明治大学体育会会長であり、明大柔道部の部長を長らく務めてきた文武両道の人物である。本人は柔道4段の腕前で、オリンピックの金メダリスト吉田秀彦、銀メダリスト小川直也などの育ての親である。

両親を幼いうちに亡くし11人兄妹の末っ子として戦前・戦後の貧しい中に苦学して明治大学を卒業し、さらに卒業後は自分で起業を経験し苦労の末学者となった百瀬教授は、決して学生を甘やかさない。久米が当時50歳を過ぎた中小企業の社長であろうと何であろうと、「このばか者！　お前のような甘い考えでこれから先もやっていけるはずはない。大言壮語する前に地に足を着けた経営をすべきだ」などと叱りつけるのは日常だった。

　久米は自らを「百瀬先生の最後の弟子」を自認している。また、久米は第三企画の経営に百瀬先生からの助言をいただくために最高顧問への就任をお願いした。先生は「非常勤、無給」を条件にこれを快く引き受けている。

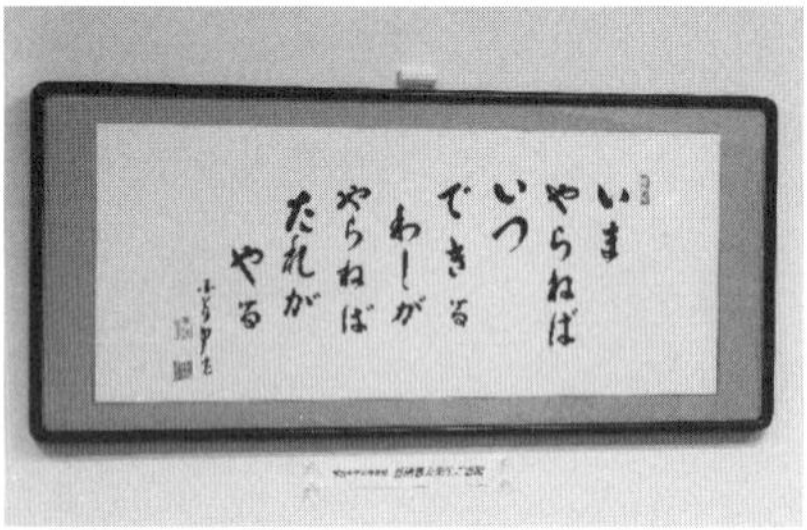

平櫛田中の扁額

　２０１７年春、第三企画の管理部門が南青山から丸の内にオフィスを移転した。それから間もなく、百瀬先生が丸の内オフィスに見えたのである。

　新オフィスにと記念の扁額を届けに来たのだった。

　その額には彫刻家であり、文化勲章受章者である平櫛田中《ひらぐしでんちゅう》が揮毫した言葉が書かれている。

「いまやらねばいつできる　わしがやらねばたれがやる」

百瀬先生は「お前に相応しい言葉だから」「社員みんながこの気持ちでなければならぬ」という言葉を添えて久米に渡した。

併せて、田中の言葉として有名な
「不老　六十七十は　はなたれこぞう　おとこざかりは　百から百から　わしもこれからこれから」

という文章を、百瀬先生はご自身の手帳から読み上げて「82歳のおれはまだ洟垂《はなた》れ小僧だ」とおっしゃりながらご披露された。

また、百瀬先生は平櫛田中に関する書籍も持参され、「是非とも目を通すべきところはここ」とわざわざ付箋を数枚貼り付けたものを久米に贈った。扁額の署名が「倬太郎」となっていることに触れ、平櫛田中の本名はもともと倬太郎《たくたろう》と言い、田中（でんちゅう）というのは旧姓が田中だったたからだと説明した。

そこで久米から、「私は先生の最後の弟子と自認しております。協働の精神でやっております。平櫛田中は、平櫛家に養子に入って田中と名乗ったのでしょうが、私は養子ではありませんが、先生の弟子として百瀬久米（ももせきゅうべい）と名乗りたい。是非お許しいただけますでしょうか」と申し出たという。

その時、先生は笑みを浮かべて「いいよ」と即座にOKを出したという話である。この日以来、久米信廣は新たに「百瀬久米」を名乗ることになったのだった。「師弟愛、ここにあり」と言える場面である。

その年（平成29年）、百瀬恵夫先生は春の叙勲で瑞宝中綬章を叙勲されたのだった。新宿の京王プラザホテルで先生の叙勲祝賀会が盛大に開催された時、久米が発起人の一人となった事は言うまでもない。

祝賀会には久米の恩師である伊藤正昭教授も遠路より駆けつけて来られた。久米の博士論文の第1次審査を担当した伊藤正昭教授は、決して妥協を許さない真面目な方だ。久米は、何度も論文の書き直し、修正を求められた。しかし、久米は頑張り、諦めなかった。第三企画の仕事やRBAの様々な企画・催しを淡々とこなしながら、遂に伊藤教授から久米の論文が百瀬教授の手に渡され、明治大学の論文審査会議を見事に通ったのである。

伊藤正昭・明治大学名誉教授
（叙勲祝賀会において）

伊藤教授への感謝の念は尽きない。

久米流の終身雇用制度

「日本的経営とは何か」について、様々な議論がある。その代表的なものが、年功序列制度、終身雇用制、企業内組合という「三種の神器論」だろう。この説は、終戦直後、J・C・アベグレンが『日本の経営』（ダイヤモンド社刊）で指摘したもので、以来60年にわたり日本経営の特徴を示すものとして経営学の中に定着してきた。

経営学は誤解されやすい学問だと言われる。例えば、「経済学は企業が儲けることをよしとする金儲けのための学問」とする見方がそれである。しかし、経営学は決して「金儲けのための学問」ではない。では「経営学」は何を研究する学問なのか。それは「組織の運営について研究する学問」なのである。

組織は企業ばかりではない。大学、官庁、ＮＰＯ・ＮＧＯ、ボランティア団体、野球やサッカーといったチームなど極めて幅広い。そうした組織がうまく運営されるにはどうしたらよいのか、何故組織が順調に機能しないのか、そうしたことを研究対象にしているのが経営学である。

第三企画では、終身雇用制を大事にしている。何故だろうか。久米の言葉を引用しよう。

終身雇用制とは　学校卒業後直ぐに就職した企業に
定年まで在籍し続けることを前提とした雇用形態
また、企業などが正規に採用した従業員を
特別な場合以外は解雇しないで定年まで雇用すること
入社から定年まで長期間について雇用する日本の制度

ごらんのように
終身雇用制度の終身とは定年までということである
しかし我が第三企画は、定年制度は謳ってはいない
よく冗談で口にする言葉に「死ぬまで働く」がある
この冗談は僕の本気である　だってそうでしょう
定年とは制限された年齢まで　誰もそこまでで終わりである

では、その後の生活は？
人それぞれの事情があるはず　頭も働き、まだ身体も動くのだから
そんな状態の時に
はい、「終わってください。明日からは出社しなくてもいいです」
このこと自体が残酷だと僕は思う
これからも生活をしていかなければならない
そんな状態の時、まだ働けるのに仕事がなくなる

なんて言えばよいのでしょう
こんな不条理なことあっていいのでしょうか？

僕は断固反対します、自分だったら嫌だからです
確かに経営者は大変でしょう　年齢と共に社員の給料が上がり
その一方で売値は上げられない
板挟みに合うのは経営者の苦しいところ
だからといって、定年を設けて問題を解決しちゃう
これが経営といえる行為でしょうか？

僕は否と答えます　こんな事をやっているから
「企業三十年説」みたいなとんでもない法則が作られてしまうのです
途中で首を切られる人が、真剣に最後まで働きますか？
僕は働けませんよ！

だってそうでしょう　真剣に働いてよい会社になった
その時、「貴方は定年ご苦労様！」なんですよ
冗談じゃないよ　だって楽しみはそれからでしょ
そのために働いてきたんだから

そんな世の中に対する挑戦状
それが僕にとっての第三企画　人生を賭けた一回限りの挑戦
それは、真面目に生きる人が
幸せに生きられる世にするための実験証明の日々
真面目に経営をする会社が
幸せの模範とされる世にするための実験証明業務
何より、何より真面目に働く人達が
生活に何ひとつの不安もなく暮らしていけるため
誰もが、何が起こるか分からない人生
その時、独り、家族だけで立ち向かうには不安
そんな時にこそ、会社は側に寄り添わなければならない
そのための会社

何かが起こった時一緒に乗り越えてくれる
だから日常会社の発展のために真剣になれる
もちろんそんな日々は、先例のない状況
道標のない日常　答えのない課題

だからみんなで力を合わせて働ける
だからみんなが得意分野で力を発揮
死ぬまで働けるからこそ助け合える

死ぬまで働ける会社だからこそ
会社の業績向上、会社の発展のみが
本当の意味での皆の生活安定と向上の実現となる
僕たちだけでなく、人間誰しも生きる意欲ある限り
自分とその家族の生活向上を望むもの
だからこその日々の働きである

そんな皆の真剣な働き
その学び・働き甲斐は一に会社の発展にかかっている
自分とその家族の生活の向上は会社の発展にかかっている
だから僕は飛び上がらなければ手にできない目標を掲げる
だから僕は、日々困難な道を選び歩み続ける
だから僕は、今日も僕の考えを声の限り伝える

◇久米

終身雇用制により会社との雇用関係が結ばれれば、その会社に働く正規社員は長期間にわたり共に仕事を行うことになる。それは、同じ職場の仲間になることだ。仲間意識が自然に生まれる。そこから、会社は自分たちを守ってくれる存在として愛社精神も湧く。「会社は社員のもの」との意識も強まる。したがって、会社がわざわざ「愛社精神」など社員に説かなくても、社員は自らの立場をわきまえ持てる力を発揮する。

終身雇用制にデメリットがないわけではない。急なリストラクチャリングがしにくいとか、企業が仲良しクラブになってしまう危険性もなくはない。しかし、そうならないように、第三企画では絶えず社長の久米が社員に様々な話をし、社員の意識が常に健康な状態にあるよう気を配っている。第三企画には定年制度はなく、死ぬまで働ける終身雇用制の会社なのだ。

コラム　大変だったけれど楽しかった仕事
１９８６年入社のＭさん

１９８６（昭和61）年に入社し、それからしばらくして、私の周りが盛んにオーストラリアに行くようになり、「久米代表が１００万円を持ってオーストラリアに出張された」などの話が出てくるようになりました。

ＲＢＡ野球やオーストラリア訪問が始まった89（平成元）年から95（同７）年頃にかけては、私たちにとっては仕事で必死の時期でした。確か八重洲事務所で勤務していた95年からぼちぼちデジタル化して、アナログ半分デジタル半分になったのです。その前は本当に大変でした。

当社の当時の印刷工場は、今のように効率的ではありません。たとえば、方位という直径５ミリ程度の丸があります。これが一つ「無い！」となると、大騒ぎで全部見直しです。ちらしデザインはフィルムにして一つ一つ工場へ運びます。業者さんが12時に印刷物を取りに行くよう手配しても、実際の仕上がりは１時、２時にズレている。そうなると電話ですごく罵倒されながら見切り発車するのです。

見切って配られている間に、無線で連絡して営業担当社員がその地点に残りを持っていきます。業者さんに何とか待っていただく算段をと、頼み込んで頼み込んで…。若い社員は夜中に泣いていました。印刷が上がらないことは事故、責任問題。何が何でも間に合わせるため、すべての社員が印刷用のフィルムを持って走り、アナログ時代をみんなで頑張りました。

大変だったけれど、振り返れば楽しかったですね。これまで長く総務を担当してきて、「会社を辞めたい」という人とも話す機会が何度もありました。でも、私自身は辞めたいと思ったことが無いのです。どんなに大変な時でも、不思議なくらい傍から見るほど辛さは感じていなくて、毎朝「さあ会社に行かなきゃ、第三企画に行かなくては」との気持ちが先に立っていました。

でき上がったちらしを見て、第三企画で手掛けたものだと分かる楽しみがありました。ちらしは間に合わせて初めてお代をいただけます。折込みちらしをある地域に配布することが決まっているのに、そのエリアの一部に折込みが入っていなかったとしたらどうでしょうか。もしかしたら誰も気付かずに終わるかも知れません。でも、折込みに間に合わなかったなら、作って刷ったちらしはただの紙くずです。

折込みに間に合わなかったことは一度もありません。「できません」とは言えませんでした。それは事故になりますからやるしかないのです。家族に「責任があるから放り投げては帰れない」と話したところ、夫が子どもに「応援してあげなきゃ」と言ってくれました。家族の協力に感謝しています。

自分から好きで入った会社です。「もう要らない」と言われたら仕方ないけれど、第三企画が大好きなのですから、自分から「もういい」とか「辞めたい」とは言いたくないじゃないですか。どこでやるのも同じ、いいと思ってやり出したからには、年齢を忘れてとことんやろうと思っています。

「四徹」と「第三ワールド」

「第三企画という会社は変わった会社だ」と同社や社長の久米信廣を知る人たちからよく聞く言葉だ。それはこの会社が「どんな会社でもできることを、どんな会社にもできないレベルでやり抜こうとしている」からかもしれない。

第三企画が創業から今日まで、頑《かたく》なに守ろうとしてきたものがある。それが「四徹《よんてつ》」と呼ばれるものだ。この会社はこの「四徹」を核にして会社経営をしてきた。そこが周囲からは「変わった会社」と受け取られるのだろう。

では「四徹」とは何か。

第一の徹は、「恩を知り、恩に報いることに徹する」ことである。久米は言う。「人間は一人では生きられません。私たちが生きるということは、誰かのお世話になっているという証なのです。私たち人間は弱い生き物であるからこそ、群れて社会を形成しています。この社会に私たちが今在ることを認識し、そして生きるために受けた恩を感じることが、生きた分だけ成長することに繋がります。世間的な言葉でいえば、利他の振る舞いができる人間になるということです」と「恩を知り、恩に報いることに徹する」ことを挙げている。

第二の徹は、「努力することに徹する」ことである。第三企画では仕事を、成長へ向けての

「努力の機会」と捉えている。だから、「努力することを惜しまない。力の限り努力に徹する。全力主義と言ってもいい」のが「努力することに徹する」意味である。

第三の徹は、「素直な心を維持することに徹する」ことだ。「素直な心を維持する、それに徹するということは、徹底して模倣し、そして創造に行き着くまで徹底的にやり切ることをいう。頭では良いと思いながら、行動に移らず無為に時間を過ごすことは、許し難いことです。素直な心を持っていれば、人の言うことを聞き、良いと思ったことについて直ぐに行動に移す。その姿勢が模倣から創造への過程である」と久米は語る。第三の「徹」の基本姿勢は、予想していた結果が出れば、直ぐにその続きをやり、この繰り返しを徹底してやることを指している。

第四の徹は、「礼儀正しく挨拶に徹する」ことである。「何より自分から、姿勢を正し、笑顔で、明るく、元気に、心から楽しくなるような挨拶をすること」と久米は語る。挨拶の行為は、第三者から見ると、その人らしい振る舞いと映る。つまり、「名は体を表す」ことに繋がる。だから挨拶は大事で、すべての基本なのである。これが第四の「徹」だ。

第三企画は、この四つの「徹」を核にして、誰にでもできる平凡で些細なことを、誰もができないくらい徹底してやり抜く。この生き様こそが、第三企画の理念で謳う「人の前に明かりを灯す」中の「明かり」の一つであり、「それを追求し実現する場は、一つの会社組織という枠を越えた公私を併せ持つ世界となる。そこでこの場のことを〝第三ワールド〟と表現している」というのが久米の考えなのだ。

第5章

一人で生きられないから

破滅に向かい激走する世界

若い頃、と言っても16歳の時からだが、久米はずっと真剣にこの遠くて近い先にある300年後を想い、考え続けてきた。300年後に生まれてくる子どもたちが、「平和で穏やかな世界で人生を幸福に過ごせるように」と心からそう望んでやまないからだ。

おそらく多くの人は、「300年後には自分たちはもはや生きていないのだからそんなことを考えても無駄だ」と言うかも知れない。しかし、久米は決して無駄だと考えていない。

先が見えない不透明な現実の世の中で、「何が300年先なのか」と多くの人たちが疑問を持つのも当然だろう。だから、「この男は変わっている」と久米は周囲の人からよく「型破りな人間」呼ばわりされる。確かにそう映るのかも知れない。

しかし、久米は「それはそれで一向に構わない。でも、私から見るとむしろ世の中の方がおかしいのではないかとさえ思えることが多い」と動じることがない。

実際、300年先の世界がどのようになっているのか誰も予想はつかない。しかし、このままでは世界が破滅の道をまっしぐらに進んでいくことだけは間違いなく、既に明るい未来を画くことはできなくなっている。警告を発するだけでなく、誰かが懸命に命がけでこの世の中を正しい方向に向け軌道修正しないと地球は破滅してしまう。

現実は、戦争やテロが際限なく世界のどこかで火を噴いている。核の拡散も止まらない。

現在、人口の爆発的な増大が進んでいる。１９９８年、世界人口は正式に60億人を超えた。これは、１９６０年代人口の約2倍に該当する数値である。国連が発表した世界人口予測では、２０１７年現在の世界人口が約76億人なのに対し、２０５０年までに98億人に増えると予測、さらに２１００年には１１２億人が地球上にひしめくことになるという。しかも、各国はそれぞれ経済的繁栄を目指しているし、企業は利潤を求めあくなき活動を止めようとはしない。人々は、より良い生活を求めて消費を拡大し続けている。


それはやがて食糧や水不足、エネルギー問題、大気汚染による酸欠、様々な公害病の発生などの壁に突き当たり、その先は悲惨な状況になりかねないのである。

環境破壊、公害問題はますます深刻化している。異常気象は既に日本でも日常化するようになった。地球温暖化は、異常気象だけにとどまらず、生物の生存に大きな打撃を与え始めている。希少生物の絶滅は、やがて人類にも同じ現象となって現れてくるはずである。

だから、久米は「私たち人間はもう一度、自分たちの足元を見直さなければいけない。どうすればいいのか、どう生きなければいけないのか、何から変えていかなければならないのか、私たちのやれること、やるべきことは山積している。その中で、まず真っ先にすべきことは、自らの心を変えることから始めるのが一番大切だ。インターフェロンの副作用で精神不安定になったように、心と体は一つである。したがって、心が変われば、体の動きも変わる。すること、やることが違ってくる」と言う。

「己の欲せざる所は人に施すことなかれ」と孔子は言った。逆に表現すれば、「自分がして欲しいことを人にしてあげる」ことと同じ意味である。やさしさ、思いやり、笑顔、挨拶…、そうした普段の心掛けが、世の中を平和で穏やかな世界に変えていく基本なのは言うまでもない。経済成長至上主義や勝ち組負け組社会に一刻も早く終わりを告げなければならない。

今、日本からも、真面目、誠実、正直、覚悟、信義、有言実行といったそうした美しい心や精神、姿勢が急速に失われている。だから久米は、「真面目」という生き方でどんどん日本の国を感化して行こう、日本を美しい精神に満ちた本来の日本に戻さなければならない、と考えている。考えるだけでなく、実行・実現をしている。まさに「有言実行」を超えた「有言実現」を実践している。

久米は、「人のために行動できる人間になろう」と常に自分にそう言い聞かせてきた。それは、もちろん「今も」であり、「これからも」だ。「みんなの可能性を活かし光り輝くこと」こそが、久米が理想とする「人の前に明かりを灯す」なのである。

日本次第で世界がおかしくなる

国が誕生して、国の名前を変えずに、主権国家として今まで存続しているのは、世界中を見渡しても日本だけである。他の国は、侵略者に吸収合併された歴史を持っている。

　世界の中で唯一日本だけが国の誕生以来、ずっと独立国家を保ってきた。世界で唯一の国である。この日本がどこかの国に吸収されてしまうと、世界の在り方が全部おかしくなってしまうと久米は考えている。日本が世界の基準なのだという認識だ。

このことは、日本にいると分かりにくい。第三企画は、イギリス、オーストラリア、タイ、モンゴル、中国、セルビア、ロシアなどの諸外国との交流を行ってきた。「神話の世界から始まった日本は、大和民族による独立国家であり、素晴らしい伝統と独自の文化を持つ国なのだ」と久米は言う。久米は、このような日本人らしさを大切にする生き方を、将来もっと様々な角度から多面的に展開していきたいと考えてきた。

その第一番目に、人が生まれ育って、人が人間になる空間という「家」に関係する産業を担う不動産業の存在がある。第三企画は「不動産広告」という仕事を通して不動産業界で働く方々に、「健全な精神は健全な肉体に宿る」、「健全な肉体はルーチンを完璧にしなければならない」ということを訴えている。

第三企画グループは、不動産業界各社が集まる野球大会を運営している。それは、早くから不動産業界の繁栄と発展と親睦に尽くすことを一つの「使命」としてきたからだった。その手段として、RBA野球大会がある。試合だけではない。予選トーナメントや決勝トーナメントの組み合わせ抽選会に、チームの代表に集まってもらい、様々な国際交流を行っている。抽選会が国際交流の場になるような仕組みを作っているのだ。

第三企画にとっては、「仕事も手段、野球も手段」として、すべては久米社長以下社員の振る舞いに重きを置いている。その一挙手一投足が第三企画の目的なのだ。これを世界に発信している。

例えば第三企画では、野球大会の他にもRBAという社会貢献活動を通じて様々な文化活動を行い、グループには出版会社や印刷会社を持ちそこでも真面目に生きる人間の生き方を重んじている。

1989（平成元）年に長年の念願だった日本不動産野球連盟を設立することが実現した。以来、30年にわたって野球大会が開催されている。現在、三井不動産、三菱地所、東急不動産の三社が幹事会社となり、事務局には第三企画が就いている。大会はトーナメント方式で行い、総合優勝戦は国土交通省局長表彰を懸けて東京ドームで行う。

優勝チームまたは全日本チーム（RBAオールジャパン）は、海外訪問し、現地チームとの対戦・子どもたちのための野球教室を行うなど、野球を通じてフレンドリーに国際親善を行ってきた。もちろん、ＲＢＡは業界の親睦と繁栄と発展が目的で、野球が目的ではない。たかが野球、されど野球である。

久米はＲＢＡ野球大会を何故発足したかについてその理由を次のように語っている。

「私たち人間に最も必要なのは金銭ではなく、関係であるとの考えを基に、〝私という人間は大きく他者に依存しているのだ〟〝私の生きる国は大きく他国に依存しているのだ〟という想いを共有するために、私たちの関係を断ち切る金銭優先主義に戦いを挑んできた。それが、ＲＢＡという〝お互いの顔を合わせる運動〟です」

才能ある畜生にならないこと
それは知的野生という自らの利己的残忍性に克つこと
それが第三企画が目指す人間である

「知恵出でて大偽あり」とは老子の言葉
これは紀元前６００年前に発せられた言葉である
そして今は、約２６００年後の２０１８年

そんな現代社会の一番の関心事は「お金」
夢でもなければ、志でもない、行き着くところはお金
お金のために、人を騙し、人に嘘をつき、人を殺める

社会の二面性とは「表の社会」と「裏の社会」
法律で罰せられる出来事と罰することのできない出来事

その違いは利己的欲望実現に向けた行為を正当化するか否か
自らの行為による残忍性を隠すか否か
もっともらしく、言い訳・繕うか否か

立派なことを話し、書物に書き記し
自らの理念をぶち上げ志すところを語る著名な経営者
利用できるモノは、たとえ税金であれ他人の金であれ利用する
要は、会社として黒字にすればいいのが彼ら
大義を語りながら、裏では自らのグループ企業の利益のため

始めは経営の神様に便乗し
明治の国士のモットーを拝借し
幼稚な政権にすり寄り事を成す

さてそんな人の顔を見て安心できますか？
頼ることができますか？
明日を担う青年を預けられますか？

どちらにせよ第三企画は
「自立」と「自律」する「格好いい人」を目指す
それは、自立する自律の人

堂々と顔を上げ自分の力で立ちながら生きる自立の人であり
常に美しく生き絶え間ない自己開発に生きる自律の人である

◇久米

恒久的世界平和の実現に向けて

国家を作っているのは人間である。だからまともな人間こそが国の大事な宝であることは言うまでもない。このため第三企画は、不動産広告の仕事を通じて「人間関係業をやっている」と久米は言う。

人間関係と言えば、今ほど貧しく行き詰まりを見せている時代は過去を振り返ってもなかったのではなかろうか。個人的な関係のみならず、社会的、国家的、国際的に見て、お互いのすれ違い、価値観の相違がなかなか修復されない時代になっている。

それ故に「人間関係業」が大事であり、その活動の一環として第三企画が人材面・資金面で全面的にサポートし推進しているのが「特定非営利活動法人ＲＢＡインターナショナル」である。

本法人は、「全世界の子どもたちを対象に社会教育の推進、文化・芸術・スポーツの振興ならびに国際協力推進に関する事業を行ない、子どもたちの心身ともに健全な育成を図り、次世代の恒久的世界平和の実現に寄与することを目的とする」ものである。

RBAIのシンボルマーク

久米は１９８９年より、青少年の健全な成長と地球人輩出のための国際交流を行っていくことを目的とするＲＢＡインターナショナル（ＲＢＡＩ）

東京ドームで開催された
第27回RBA野球大会
日曜ブロック決勝戦
＝2016年6月

RBA野球大会
シンボルマーク

第29回RBA野球大会予選抽選会
＝2017年6月

第28回RBA野球大会総合優勝戦
＝2017年6月

の活動を始め、このＲＢＡＩは２０００年には特定非営利活動法人（ＮＰＯ法人）として認証を受けた。

ＲＢＡは、Reform By Action … Change for the betterの頭文字を取ったもので「行動によって再生あるいは刷新を行おう」という意味を表している。シンボルマークは「水車」だ。これは宇宙エネルギーと人類エネルギーの調和を象徴したものである。

ＲＢＡ野球大会は国外にも翼を広げ中華人民共和国大使杯・モンゴル国大使杯・タイ王国大使杯・セルビア共和国大使杯・ベナン共和国大使杯の各杯を懸けて行われている。２０１４年には幹事会社の三井不動産、三菱地所、東急不動産とともに運営委

第29回RBA野球大会日曜ブロック決勝戦
＝2018年4月27日、明治神宮野球場

モンゴル大使杯

タイ王国大使杯

中国大使杯

ベナン共和国杯

セルビア共和国大使杯
＝2015年6月

員長として久米が国土交通省土地・建設産業局長から表彰を受けた。

ＲＢＡ野球大会の決勝戦では、両チームが整列して試合開始前の挨拶をする時に、グラウンド責任者が口上文を声高らかに読み上げるのを習慣としている。その口上は次のような内容である。

「私たちが日々取り組む仕事の目的は、仕事を通しての人間的な成長にあります。やり切ることでの充実感や達成感を楽しむことにあります。本気で仕事をすれば、人間的に成長し磨かれます。だから第三企画は、どんなに苦しい事からも、どんなに辛い事からも逃げないのであります。挑戦し続けることが、人間的成長だと信じるからであります」というものだ。

第三企画の社員が中心になって務めるＲＢＡのスタッフは黄色いシャツを着て参加する。縁の下の力持ちがその役割だが、勿論ただボーっと立って見ているのではなく、青春を思い出させるような爽やかで美しいプロフェッショナルの立ち方をするのが第三企画流である。

「人類への貢献競争をすべき」と主張

ＲＢＡインターナショナルは国内・海外の人々との文化、学術、スポーツなど、あらゆる方面での交流活動も推進してきた。また、ＲＢＡインターナショナルは、世界中が軍備や経済で競争するという現状に、異議の手を積極的に上げてきた。そして、「今こそ人類への貢献競争をすべきだ」と主張している。この結果、アジアを中心にして、多くの国家機関、駐日大使館などからも真心のこもった指導と支援を得ている。次は久米の一文である。
私たちが暮らしている地球　グローバル化された地球
国の異質さを無くした地球
すでに同一の地球を共有し、同一の環境を共通する「地球社会」
にも関わらず先進国は　地球社会のさらなるグローバル化を目指す
それが全ての問題であり争いの元
そんな人類の危機の今だからこそ
新たな文明を作らなければならない

それこそが第三の文明「地球文明」
それは今の世界を覆う合理主義という優劣の思考ではなく
競争の思考でもなく　支配の思考でもない
地球民族主義という共生の思想である　　　◇久米

オーストラリアから始まった国際交流

ここで、ＲＢＡの活動について触れておこう。
ＲＢＡインターナショナルは、全世界の子どもたちを対象に社会教育の推進、文化・芸術・スポーツの振興ならびに国際協力推進に関する事業を行ない、子どもたちの心身ともに健全な育成を図ると共に、次世代の恒久的世界平和の実現に貢献することを目的としている。

社会教育の推進……子どもを育てる時、幼児での家庭教育、青少年時代の学校教育は大変大切なものである。しかし、社会教育もこれらと同様に極めて大切なのは言うまでもない。ＲＢＡインターナショナルは、子どもを育む時に大切な社会教育の推進を図っている。具体的には、学生が社会に出る前に、社会の様子や仕組みを体験するインターンシップの取り組みを支援するほか、社会人となった大きな子ども（大人は大きい子どもです）が現代社会の中にあって充実した人生を送ることができるように支援する活動をしている。

文化・芸術・スポーツの振興……人間は、文化・芸術・スポーツを通じて自身を深め、また他人を理解していく。人それぞれが違うのと同様に、国によって文化が異なり、芸術の捉え方が違い、スポーツの好みが分かれている。だからこそ、世界中の人々がお互いの文化・芸術・スポーツをよく知ることが大切になるし、より積極的に文化・芸術・スポーツを振興していかなければならない。RBAインターナショナルは、出版や文化展、あるいは野球教室などを通じて、文化・芸術・スポーツの振興を図っている。

国際協力……子どもが未来を拓く。その子どもたちが立派に未来を切り拓くことができるよう、私たちは子どもたちを健全に育てる責務がある。RBAインターナショナルは、子どもたちを健全に育成するため、世界子ども会議や世界子ども音楽祭を企画し、実施している。肌の色や言葉が違い、国が違う子どもたちが一同に会し、お互いに意見を交換し生活を共にすることを通じて、相互理解を深めることが大切だ。また、学校交流やスポーツ交流を通じて、直接、知り合う場を設けるなど、国を超えて子どもたちが健全に成長してもらうための支援活動を行っている。他方、国を超えた大人たちの学術交流の場を企画し、人間の英知の伝播と結集に貢献する活動も実施している。

子どもの健全育成……子どもが健全に育つのには、幼い時から家族と信頼の絆で結ばれていることが大切だ。家庭での慈愛に満ちた心豊かな生活こそ、子が子として、親が親として成長するための土壌である。その土壌を「家族力」と呼んで、RBAインターナショナルは家族力向上を支援している。

世界平和の推進……人間同士がお互いにいがみ合い殺しあうことのないような、また、国同士が憎しみ合って戦争することがないような世界を作っていくために、RBAインターナショナルは社会教育の推進、文化・芸術・スポーツの振興、国際協力の活動、子どもの健全育成等の活動をしている。これらに加えて、直接、世界平和の推進に結び付くようにと、世界平和を題材にしたスピーチコンテストを実施している。また、日本と外国との間での留学を企画実施することはもとより、外国同士で留学生を送ることを企画実施するなど、世界平和の推進に直接繋がる活動をしている。

1990年の第2回RBAオーストラリア訪問

第5回RBAオーストラリア訪問

RBAインターナショナルの活動はオーストラリアから本格的に始まった。1989年にはオーストラリアのゴールドコーストおよびブリスベンを表敬訪問、同年に第1回豪州ゴールドコースト市長杯争奪戦が行われたことについては先に触れた。

続く2年目の1990年には、第1回豪日親善の夕べ（ゴールドコースト市ＣＥＯを招待）、第2回ＲＢＡオーストラリア訪問、第1回日本文化展、第1回豪日親善少年野球教室、第2回ゴールドコースト市長杯争奪戦、第2回トロピカーニバルカップ争奪戦と矢継ぎ早に豪日の親善活動を実施した。

ＲＢＡの発足後3年目の1991年は、シンガポールで開かれた世界不動産連盟（FIABCI）第42回総会を取材、第3回ＲＢＡオーストラリア訪問、第3回図書贈呈、第3回ゴールドコースト市長杯争奪戦、第3回トロピカーニバルカップ争奪戦、第1回豪日親善ゴルフコンペ、第3回豪日親善の夕べ、第1回ＲＢＡ杯争奪少年野球大会を開催した。

1992年の活動は、ゴールドコーストにて第2回ＲＢＡ杯争奪少年野球大会、ＲＢＡ研修生来日、ゴールドコーストにて第3回ＲＢＡ杯争奪少年野球大会、ＡＢＦ（AUSTRALIAN BASEBALL FEDERATION）会長および副会長との朝食会、ＡＢＦ総会出席、ゴールドコーストに第4回ＲＢＡオーストラリア訪問、第4回ゴールドコースト市長杯争奪戦、第4回トロピカーニバルカップ争奪戦、第4回豪日親善の夕べが開かれた。

1993年は東京の中野サンプラザで第1回礎会総会、ブリスベンにてクイーンズランド州政府首相府経済貿易開発省を表敬訪問、シドニーでセレブレート・オーストラリア合同発表会出席、キャンベラでオーストラリア連邦政府ギャレス・エバンス外務大臣を表敬訪問、第5回ＲＢＡ野球大会、ゴールドコーストへ第5回ＲＢＡオーストラリア訪問、第2回ティーセレモニー、第1回ベースボールクリニック、第5回ゴールドコースト市長杯争奪戦、第5回トロピカーニバルカップ争奪戦、第5回豪日親善の夕べを開催している。

　このように、久米が若い頃からその実行の実現を夢に見ていた国際交流がＲＢＡインターナショナルの活動としてオーストラリアから始まり、次第に世界各国・地域に広がっていったのである。

日本不動産野球連盟（ＲＢＡ）とは

　第三企画代表取締役・特定非営利活動法人ＲＢＡインターナショナル理事長の久米信廣の呼びかけで平成元年〝不動産・建設・住宅業界の繁栄と発展、相互親睦および世界平和への貢献〟を目的とした日本不動産野球連盟（Real Estate Baseball Association）ＲＢＡ野球大会が発足した。

　現在、幹事会社に三井不動産、三菱地所、東急不動産（順不同）。大会顧問会社に三井不動産リアルティ、三菱地所リアルエステートサービス、東急リバブル、住友不動産販売（順不同）。事務局は第三企画（株）。

　大会は日曜ブロックと水曜ブロックに分かれ、それぞれが予選トーナメント・決勝トーナメント方式で戦う。両ブロックの優勝チーム同士が、東京ドームで国土交通省土地・建設産業局長

国土交通省土地・建設産業局からの表彰状
＝2014年6月

RBAオールジャパンによる少年野球教室
＝2004年、北京

表彰を懸けて総合優勝戦を行う。優勝チームまたは全日本チーム（RBAオールジャパン）は、海外を訪問し、現地のチームとの対戦・子どもたちに野球教室を行うなど、野球を通じてフレンドリーに国際親善を行っている。

業界の相互親睦を図ってきた功績に対し、国土交通省土地・建設産業局から、日本不動産野球連盟幹事会社である三井不動産㈱、三菱地所㈱、東急不動産ホールディングス㈱の3社の社長、並びにRBA野球大会運営委員長であるRBAインターナショナル久米信廣理事長に、表彰状が授与された。

連盟活動三指針

◎働く人々の健康と成長とその家族の幸せ
◎業界の親睦と繁栄と発展
◎国際親善への貢献

節目に当る第30回RBA野球大会は2018（平成30）年6月13日（水）に開幕した。過去最多の66チーム（前年64チーム）が参加

し、約４００名が参集した都内ホテルにおける開幕式では、大会運営委員長の久米信廣（第三企画社長）が、

「私たちＲＢＡは、皆様方のご理解とご協力をいただき、野球を通じこの30年の間、一試合一試合、業界で働く皆様の健康のため、ご家族の幸せのため、そして業界の繁栄と発展のために、国際親善への貢献を掲げ地道に活動を続けてくることができました。皆様からいただいた30年という結果、25ヵ国の皆様方にご理解をいただき国際親善交流会を開催できるようになりました。この事実を励みとして、今より更に原点に還り、３００年後に生まれてくる子どもたちのために、世界平和のために、人を犠牲にして自らの幸福をつかむことはできない、との基本精神をもって、生命の尊厳に思いを致し、人間を尊重し、共に手を取り合い、共に足並みを揃える国際親善交流の第30回ＲＢＡ野球大会の開幕を宣言します」と力強く高らかに開幕宣言を述べた。

国土交通省土地・建設産業局長の田村計氏からは、第29回ＲＢＡ野球大会総合優勝チーム・旭化成ホームズの佐藤盛監督へ表彰状（国土交通省土地・建設産業局長表彰）と優勝杯が贈られた。

併催された「ＲＢＡ国際親善交流会」では、モンゴル書道家ルハグバ・アマルサナー氏、中国の書道家・馬孟傑氏による書道実演、北京大学古琴教師・馬麗亜氏の古琴演奏、埼玉県立滑川総合高等学校書道部19人によるパフォーマンス、中国の変面技、セルビア、ベナン各国の祝賀演奏などが披露された。
参加者には、在東京タイ国大使館特命全権大使バンサーン・ブンナーク閣下、モンゴル国人事院人事官バルダン・バータルゾリッグ氏、中国人民対外友好協会副会長・戸思社氏など多数の方々が来臨され、更なる国際親善の輪の広がりを誓い合った。

久米は言う。「私は、本気で仕事をすれば、成長し人間的に磨かれていくと信じています。そのために日々仕事をしています。また、〝塵も積もれば山となる〟を信じています。小さな大事なことをコツコツとやるべきなのです。小事を大事へと変換するために、手を抜かず、真剣にやるべきなのです。小さな事こそ気にして、本気で体当たりしていくべきなのです」
「この本気での体当たりが小さな結果を生みだし、やがて大きな成果をもたらしてくれる」というのが久米の信じるところであり、実際、久米はいつも何事にも真剣に取り組んできた。

誰もが、顔を上げて生きているといい
誰もが、自分の力で立っているという
そして誰もが、自己啓発に生きているというしかし、美しく生きているという人はどうだろう？

余り耳にしないのは果たして僕だけなのか？

それとも手本にできる人はいるのだろうか？


辞書に「美しく」とは「精神的に豊かで気高く、人に感銘を与えるさま」とあり、

「心あたたまり、美しい」とあり

「機嫌・顔つきが晴れ晴れしているさま」

「人の性格・行動などが、きちんとしていてよい」

「折り目正しく、規則正しくするさま」

「人と人との関係が良好なさま。仲がよい。親しい。睦まじい」

「正式なものである。本格的である」とある

第三企画は、以上の形容から本質に肉薄し「義」を突きとめる
そんな人類史のマグマとなる「義」は辞書に
人々をつなぐ「筋道。かどめ正しい（廉目＝けじめ・潔い・筋道）」

そこから、「物事一つ一つの境目をつけるさま」となり
「けじめをつけて暴利をおさえたさま」となり
「欲張らないさま」となるとある

協力しなければ生き続けられない人類だからこそ
そのマグマである「義」は、具体形容として溶岩のように
「我欲に引かれず、筋道をたてる心」と流れ
その心は、「公共のために尽くすこと。またそのさま」と流れ出て
筋道＝公共を優先する堅固な社会体制の基礎となる

そしてその体現する人を「かどめが立って格好のよい」とし
その生き方を「きちんとして格好がよいと認められるやり方」とする

ここから第三企画は、人間観として「美しく生きる」を掲げる
「義」を、「自己の利を離れる」とするだけでなく
「他者の利を実現する」ことと定義する
何故なら、その行為が「自己の利を実現する行為」と信じるからである

◇久米

第6章

世界の過去を変える

日中両国政府の交流が途絶える中で

２０１４年は中国人民対外友好協会設立60周年と記念すべき年だった。北京大学付属小学校と清華大学付属小学校の子どもたちと日本のＲＢＡインターナショナルの純真さを失わない心やさしいおとなたちとが力を合わせて60周年を祝う会が北京で開かれた。

その前年の２０１３年10月20日から同月24日までの５日間、「日中平和友好条約締結35周年」・「ＲＢＡ中国大使杯10周年」・「ＲＢＡ野球大会25周年」の「三大記念日中スポーツ交流事業」として、ＲＢＡ選抜選手９名および第三企画スタッフ９名が訪中した。

尖閣問題で、日中間に気まずい空気が流れ、両国政府の交流が途絶えている折、ＲＢＡは民間団体として野球を通じて日中間の友好関係に大きな光を灯すことが実現したのであった。

日本側からは三井不動産、三菱地所、東急不動産、ケンコーポレーション（順不同）の各社社長が、この交流に積極的な協力と支援を惜しまなかった。また、中国人民対外友好協会は、中国訪問に全面的な協力をしてくれたことも忘れてはなるまい。

中国訪問の際、ＲＢＡは現地の北京大学付属小学校と清華大学付属小学校の野球チーム全員へ、それぞれのユニフォームを贈呈した。その一方、野球クリニック、両小学校同士の交流試合、そして中国人民対外友好協会には会食および歓迎晩さん会への招待を受けた。ＲＢＡ訪中団からは、各機関・小学校の代表者を招待して答礼晩さん会等が行われた。

こうした多彩な活動を通じ、意義ある日中友好交流を終え、全員無事に帰国したのである。

以下は、中国訪問中の活動の概要と活動報告だ。

赤のユニフォームの清華大付属小

白のユニフォームの北京大付属小

〔日中スポーツ交流　２０１３年〕

日中平和友好条約締結35周年・ＲＢＡ中国大使杯10周年・ＲＢＡ野球大会25周年／記念

◆共　催：中国人民対外友好協会／日本不動産野球連盟（ＲＢＡ）／ＲＢＡインターナショナル

◆ＲＢＡ幹事会社：三井不動産㈱／三菱地所㈱／東急不動産㈱

◆後　援：第三企画㈱

◆中国訪問日程：10月20日～24日

◆交流先：中国人民対外友好協会・北京大学付属小学校・清華大学付属小学校

①ＲＢＡのチームから、選抜選手がＲＢＡオールジャパンと

して訪中し、北京大学付属小学校、清華大学付属小学校の生徒と野球交流する

②上記小学校の1チームを日本に招き、日本の小学生と交歓、野球交流する

中国から帰国後、久米は次のように述べた。

——皆さんもご存知のようにこの度、RBAとして中国を訪問しました。野球を通して中国の子どもたちと交流し、中国と日本の架け橋となるため、選手9名、そしてRBAスタッフ9名、合わせて18人で中国に行きました。

そのスタッフ9名の感想に、反省ももちろんありました。しかし、その一方には、「双方に笑顔があふれていた」と、「笑顔」の話がみんなの口から感想として出ていました。もっとも、その笑顔のことは何度口で伝えても、現地へ行った本人でないとその感動は分からないでしょう。とにかく、素晴らしい笑顔が見られたのです。言葉にできないほど、みんなは感動していました。

美味しい食べ物が、どのように美味しかったか、言葉にできませんよね。それと同じなのです。大事なことを言います。「和する」ということと「恩を返す」という言葉があります。その「恩を返す」ということは頭で考えることではありません。行動でもありません。「恩返し」は結果です。結果なのです。結果を出さないと恩返しにならないのです。行動をする、そこで終

わってしまうとそれは自己満足です。恩返しではありません。何も返していないのですから、そう言われて当たり前です。「私は行動した」と言い張っても相手に見えるものは結果だけです。

今回の中国訪問の最中、私たちが交流している外側ではものすごく冷たい風が吹いていました。実際、ＲＢＡオールジャパンの選手と中国の青年チームとの試合は実現できなかったのです。

残念ですが、できたのは子どもたちとの交流だけでした。大人同士の交流も予定していた一部に終わりました。

新聞やテレビなどのマスコミを通じて、皆さんは現在、日中関係がすごく悪くなっていると感じていますよね。あちらの国民も同じように思っているのです。現実がどうであるかは別にしてそれが事実です。

それでは小学校の先生方を含め、北京大学付属小学校や清華大学付属小学校がどのように受け入れてくれたのでしょう。――

北京大学付属小学校にて

久米の話を聴こう。

2013年10月21日、午前9時、RBA中国親善訪問団一行は北京大学付属小学校に到着しました。校門をくぐり抜けると、赤のユニフォームを着た生徒さんたちが拍手で出迎えてくれました。

みんな元気いっぱい、明るい表情。これがまず私どもRBA一同を感動させてくれました。最初に案内されたのは会議室です。そこで尹校長先生をはじめとした北京大付属小の先生方と挨拶を交わし、お茶を楽しみながら、いろいろと話が弾みました。

お茶の後、ホールに移動すると、そこでも約100名以上の生徒さんが拍手で迎えてくれました。すでにたくさんの歓迎を受けてきたのですが、またここでも歓迎を受けての入場でした。

訪問団一行が席に着くと、歓迎式とユニフォーム贈呈式が始まりました。歓迎式では、生徒さんたちによるダンス・合唱・京劇が披露され、続いて日本語による「君をのせて」もその場の生徒全員で合唱をしてくれたのです。日本語で、ですよ。日本語で私たちを歓迎してくれた

北京大付属小での野球クリニック
＝2013年10月

北京大付属小訪問

のです。

さらにオーストリアで一番に輝いたという合唱団の子どもたちも歌ってくれました。私たちはそうした暖かな歓迎を受けたのです。これには訪問団一行、非常に喜んだのは言うまでもありません。

北京大付属小で「ＲＢＡベースボールクリニック」が始まって、最初は選手・子どもたち共々、戸惑いと緊張が見られました。言葉が通じない状況に「どうやって野球を教えたらいいのか」と選手も少し困惑したのでしょう。

しかし、徐々にボールを通して子どもたちと触れ合っていくにつれ笑顔がこぼれ始めたのです。「Good!」「Nice!」などの褒め言葉も多く聞こえてくるようになりました。子どもたちは選手にボールを受けてもらいたくて、我先に、我先に、と前に出ていき、選手から「順番！」と諭される場面もあったほどです。

しばらくすると、選手も子どもたちからも最初の頃の緊張が信じられないくらい解けて、アッという間に時間が過ぎ、「ＲＢＡベースボールクリニック」は、「ＲＢＡバッジ」の贈呈、そして選手と子どもたちとの握手により終了しました。

《校長・尹先生》

――この麗しい錦秋の季節に、北京大学付属小学校にお越しいただき誠に嬉しく思います。日本の皆様のこの度のご訪問は、北京大学付属小学校の野球および国際体育交流においても大いに役立ちます。北京大学付属小学校と日本の野球交流は長い歴史を有しています。

2004年から私どもとRBAインターナショナルは日中友好、野球の友好相互訪問を行っており、2008年以来、私どもの北京大付属小は日本に何度も訪れ、RBA野球チームの暖かいご指導を受ける機会を3回もいただきました。このような交流の中で野球技術を多く得て、さらには両国文化の理解と交流も深めることができました。

野球を一つの基礎として、今後は日本RBAインターナショナルとの協力を積極的に推進し、交流と相互訪問に引き続き力を入れ、学生たちの日中両国の文化の相互理解を促進し、世界に目を向け大きな心を持たせましょう。本日、日本の友人の皆様が我が北京大学付属小学校にお越しいただき、誠に喜びが絶えません。遠来の皆様が本学校で快くお過ごしになられますよう心よりお祈り申し上げます。また今回の交流活動が皆様にとって良き思い出となりますように、心より願う次第でございます。――

清華大学付属小学校にて

再び久米の話を聴こう。

紫が学校のカラーだという清華大学付属小学校に２０１３年10月21日14時、訪問団一行は到着しました。幼稚舎と小学校の庭は、子どもたちが楽しく遊べるよう、柔らかな土が入れられているのだそうです。砂や土は本来、北京にはないとのことですが、子どもたちが怪我《けが》をしないようにとの配慮から特別に用意されたのだとの説明でした。その他にも子どもたちのために様々な工夫がなされているそうです。

案内していただいた記念館は１９１５年に建設され、そろそろ１００周年を迎える建物でした。それも、近いうちに建て替えて新しくなるとのことでした。

残念ながら校長先生は台湾に出張しているためにお会いすることはできませんでした。しかし、多くの先生方をはじめ事務室の皆様、野球部監督とコーチといった方々が私ども一行を歓迎してくださり、大変楽しい時間を過ごさせていただきました。

翌日は北京大付属小と清華大付属小の友好試合を行いました。「北京一のグラウンド」と言われる清華大付属小のグラウンドに着くと、そこには椅子に座ったたくさんの子どもたちが目を輝かせて私たちの到着を待っていてくれました。そして保護者の方々も、同様に明るい笑顔で私たちを拍手で迎えてくださいました。自分の子どもたちの学校や自分の子どもや孫たちを応援しようと大勢のご両親や関係者の皆さんがグラウンドに集結していてくれたのです。

試合は、RBAオールジャパンの羽中田選手によるプレイボール宣言により始まりました。審判はRBAオールジャパンの選手が交代で行います。先攻は北京大付属小、後攻は清華大付属小と

清華大学付属小学校での野球クリニック＝2013年10月

決まりました。

先攻後攻の順は、田邊監督によるコイントスにより決定したのですが、子どもたちはそもそもコイントスによる決め方をよく知らなかったようでした。「きょとん」とした顔をしていたのが、とても可愛らしく見えたものです。

子どもたちによる野球の試合は、中国ではめったに行われることがないと言われています。もともとはアメリカで始まったゲームだということが理由なのかもしれませんが、もちろん中国には中国の伝統的スポーツがいろいろあるからでしょう。

それはさておき、試合が始まると、子どもたちがバッターボックスに立つたびに観覧席の保

護者の方々が一斉にカメラを構えるのです。打者の子どもがヒットを飛ばして、ホームに帰ると飛び跳ねて大喜びし、大人同士でハイタッチをしていました。

しかし、試合は遅れ遅れとなってなかなか進まず、終了時間になってもまだ終わりません。選手や子どもたちも、観客席も「まだこれから」といった表情をしています。そこで、関係者の意見を集め、急遽、「せめて3回まではやりましょう」と延長戦が決まりました。子どもたちは喜びましたし、観客席からも歓声が上がりました。

結局、ゲームは17時20分、3回コールドとなり、「8－3」で北京大付属小の圧勝に終わりました。最終回に北京大付属小のピッチャーが三振を奪うなど、最後まで両チームが懸命に試合に打ち込む姿勢を見せ、選手たちはもとより観客や関係者を驚かせた良い試合でした。

最後は両チームが整列し、エール交換し合い、お互いの健闘を祈って、試合は和やかなうちに幕を閉じました。

清華大付属小の野球クリニックでは、先に北京大付属小を経験していたこともあり、選手と子どもたちとのコミュニケーションも初めからスムーズに進んだ感じです。ウォーミングアップでも子どもたちに混じり、選手・スタッフが笑顔で参加していました。

その後、ポジションごとに各5人くらいのチームに分れ、そこに選手が2人ほど混じって少人数体制で練習を行うようにしました。言葉が通じない中、選手の真似をして精一杯野球を学ぼうとする子どもたちの姿は微笑ましいものでした。

ポジション別の練習が終わったところで、次に守備練習です。実際に選手がバッターボックスに立ち、選手・スタッフが仮想の走者としてフィールドを走ると、走者がいると焦ってしまうのかボールを落としてしまう子どもが続出しました。その度に選手から子どもたちがアドバイスをもらっていたのが印象的です。

《校長代理・安先生》

——ようこそ清華大学付属小学校へお越しくださいました。幸いに美しい季節です。

当校は100年の歴史を有しています。国家のために次々と多くの卒業生を輩出いたしました。ノーベル賞受賞の楊振寧氏やオリンピックのダイビングで優勝した選手もいます。「元気で明るく勉強に興味を持ってもらうこと」が清華大学の教育目標です。教育目標に「健康であること」が初めにくるのは、当校が学生の心身の面に注目していることを示しています。放課後は学生の心身の鍛錬のため約40の〝エックス〟という科目を設立しています。

その中に当校が推奨している7種類の科目があり、野球が含まれています。当校は特に野球訓練と野球メンバーの育成を重視しています。今回はRBAの野球メンバーの皆様方のご指導をいただき、とても嬉しく思います。感謝致します。このご指導により、当校の野球チームのレベルアップができることを信じています。

皆様方が清華大学付属小学校において、また北京での楽しい時間を過ごされることを心から祈っております。――

《野球部監督・李先生》

――今日は皆様とお会いできてとても嬉しく、そして懐かしく思います。この中に古い友達もいるからです。2005年、私は子どもたちを連れて日本の子どもたちと野球をしました。その時、東京ドームで試合をしたことにとても感謝しております。東京ドームでの試合を思い出しますとまるで昨日のことのようです。東京ドームで素晴らしい交流ができたことは私にとってても子どもたちにとってもとても良いことでした。

このような交流ができるのはRBAの方々や中国人民対外友好協会の方々のお陰です。今回もまた、子どもたちに楽しく野球を教えていただけることを感謝しております。子どもたちの技術はまだ高いレベルではありませんが、ご指導をお願い致します。とても小さい子どもたちですからたくさん激励を与えてください。北京で素晴らしい日々をお過ごしできることをお祈りいたします。――

「恩に報いる」ということは結果を残すこと

久米はこの時の訪中を振り返って、次のように語っている。

――「恩返し」をすることは「形にすること」です。この日中間が緊張関係にある中で、9名の野球選手と第三企画の9名のスタッフが中国へ交流に行きました。これが結果です。「行く」と口先だけで言うのではなく、実際に民間交流を実行したのです。

現況は、日中間における政府の間で交流を行うことなどとても無理で困難な中で、RBAとしても大人同士の野球試合を実現することは大変難しいことでした。それでも、北京付小と清華付小における野球を通じた民間交流ができました。

子どもたちに野球を指導するという形でなければ、今回の交流は実現できなかったのです。でも、私たちRBAは訪中に踏み切りました。

私は、全力を挙げて結果を出し尽くしました。だから一緒に訪問したメンバーに、「第三企画の今回の中国訪問における交流について〝どこにも負けはない！〟」と言ったのです。この状況の中で、訪中したことが結果です。足を運ぶことが大きな結果なのです。当然です。負けるわけがないのです。そこの点をしっかり自覚しなくてはいけないのです。

「恩に報いる」ということは結果を残すということです。結果を出すということです。だから中国で触れ合った人は全員が喜んでくれました。ひとり残らずです。私だってもっとこの人と交流したい、この人ともっと話をしたい、いろんな人と話したいとたくさん思いました。

「恩を知る」ということがまず一番先です。知って「恩に報いる」「恩を返す」、それは結果を出すことです。負けてはいけないのです。だから私は言っています。勝つ必要はないのです。

負けなければいいのですと。負けないということ、それが結果です。続くということが結果です。続かなければ続けていくのです。

今回の中国訪問でもそれをそのままやりました。大きな流れに乗ることができなかったかもしれない、しかしそれぞれが自分の持てる力を出したのです。これを一つの契機として訪問メンバーも大きくなることでしょう。初めて分かったこともあると思います。

今回、皆さんのお陰で中国訪問ができました。胸を張れる結果を残してきました。――

表敬訪問とサプライズ

久米の話が続く。


――前回に引き続き、今回の中国訪問においても全面的協力をしていただいた中国人民対外友好協会へ、ＲＢＡオールジャパンの９名とスタッフ９名、総勢18名が表敬訪問のためにお邪魔をしました。

本日はこのような立派な席を設けていただき、誠に有難うございます。重ねて心より御礼申し上げます。

論語の中に、「朋遠方より来たる有り、亦楽しからずや」という一節があります。友（朋）というものは本当に魅力のある人のところにたくさんの人が集まって来てくれるということです。その孔子の言葉の通りに、私はどんなことがあろうとたとえ嫌がられようと駆けつけてまいります。小さい人間ですが今後ともよろしくお願いいたします。――

久米は最後にこう締めくくった。

――孟子の言葉に、「天の時は地の利に如かず、地の利は人の和に如かず」という言葉があります。一番大事なのは、人の和です。私たちＲＢＡは子どもたちと手と手をとって、子ども心に帰って、みんなで協力し合って仲のいい地球をつくろうとしています。

２０１３年の今年も北京大学や清華大学の皆様と力を合わせて大会を運営することができました。２０１４年は友好協会設立60周年と記念すべき年であります。北京大学付属小学校と清華大学付属小学校の子どもたちと私たち――。年はとったけれど心は子どもの頃と変わらない。私たちは、子どもたちと力を合わせて来年の60周年を祝おうではありませんか。来年も必ず来ますよ！　今日は本当に有難うございました。――

人の役に立とうと考え行動するのは
役に立つことなく逆に迷惑をかけ、落ち込む事になりかねない

なのに多くの人は自分に鞭打ち役に立とうとする

その結果、自分を信じられなくなってしまう
やる気が失せ落ち込む自分となる
挙句に自分を嫌いになってしまう

頑張り始めたのは、何のためだったのだろう？
何のために、頑張ろうとしたのだろう？
それすら分からないまま頑張ってしまう

すべては「役に立たなければいけない」という思いから始まったこと
今のままでいいのにも関わらずである
そんなことも考えないで、流れのまま役に立とうとしている

ありのままとは、身構えない振る舞い
そしてありのままとは素直な振る舞い
素直な振る舞いとは爽やかな振る舞い

それは、できることに特化すること
できないことには手を出さないこと
どんな時にも不得意な事には手を出さないこと

だから隣の人と協力できる
だからみんなと一緒に行動できる
だから尊敬でき、恩返しができる

その振る舞いは、求められていないもの
期待されていない当たり前のもの
有難がられ、可愛がられ、大切にされるもの

この言葉を忘れるな吾が友よ！
桜梅桃李
見るもよし、見ざるもよし、されど我は咲くなり

◇久米

あとがき

第三企画社長の久米信廣さんという現代に生きる稀有な一人の経営者について書いてきた。中小企業であり、世の中ではほとんど無名の会社の社長だが、誰も真似のできない素晴らしい生き方を貫いてきている。心から尊敬の念を覚える。「この人はどのような家庭で育ち、どのような経験を通して、たぐいまれなる発想と行動力・人間力を発揮している」のかを知りたくて、それが本書をまとめようとした動機である。

１９８０（昭和55）年、29歳で第三企画を創業して以来、彼は長い間、「利他」を実践してきた。「利他」とは辞書によると、「他人の福利を願うこと。自分を犠牲にして、他人に利益を与えること。人々に功徳、利益を施して救済すること」などとある。利他は日本の道徳観の土台を形成する武士道精神の証といえる。

個人の利益や会社の利益よりも久米さんは「３００年後の子どもたちのために」「世界平和のために」「人の前に明かりを灯すために」と、まさに「世のため人のため」に活動してきた。それも建前ではなく、若い時から本音でそれをやり通してきたのだから驚きだ。したがって久米さんに対する周囲の信頼・信用は厚い。

それに引き替え最近の日本では、「またか」と言わんばかりに問題会社が話題になる。不正経理や製品データの改ざんが次々と明るみに出てくる。

東芝、三菱自動車、日産自動車、神戸製鋼、スバル、そして商工中金、スルガ銀行など不祥事が相次いでいるのは何故か。その理由に「日本型経営」をおろそかにしてきた咎《とが》めが挙げられる。真面目で誠実な経営がどこかに置き忘れられてきたのだ。

日本には、古くから「売り手よし、買い手よし、世間よし」を謳う「三方よし」の考え方がある。日本的経営の原点ともなっている近江商人や大阪の船場商人の道徳思想だ。その中で、「家族的経営」や「経営者と社員は一心同体」といった風土が日本企業に醸成されてきた。「正直」「真面目」や「誠実」が大切にされた。それが働く人たちの誇りでもあった。

ところが、日本が経済大国として繁栄するに従い、アメリカは日本の弱体化を図《はか》るようになる。そのアメリカの策略に乗って、「企業は株主のもの」という考え方が主流になってからは世界に冠たる「日本型経営」が否定され、日本企業の多くがおかしくなってしまった。近年の安倍内閣による「働き方改革」「一億総活躍」も愚民政策であり、その後ろには日本人の勤勉さを失わせるためのアメリカの策略・陰謀が見え隠れする。

確かに、世の中は目まぐるしく変わっていく。決して「十年一日の如し」ではない。変化、変化の時代である。変化に対応できない企業は生き残れない。しかし、変化にうまく乗っていくことも大事な半面、変えてはならないことも沢山ある。経営の「軸」は大切にしなければならない。経営理念がぐらぐらしては働く人たちは安心できない。頼りにできない。愛社精神も失っていく。

第三企画は不動産広告の企画・制作・印刷を手掛ける企業である。既に創業以来40年近い歳月が流れた。この間、バブルの時代もあり、そのバブル崩壊の荒波に合い、リーマンショックによる経済の激動にも遭遇してきた。それでも、第三企画はＲＢＡＩと共に車の両輪として苦境を乗り越えてきた。それは、社会がそして不動産業界がこの会社とＲＢＡＩの活動を必要としているからだろう。

人を育てるには時間がかかる。苦労していない人間は底が浅い。「創業は易く　守成は難し」（事業を興すことよりもその事業を維持し発展させるのはさらに難しい）との言葉を軽視できない。後継者の選択を誤れば会社の命運は変わってしまう。第三企画の天命・使命をどのように後世に繋いでゆくか、それが過去を変え続けてきたこれからの久米さんの課題だろう。

久米信廣さんの作詞・作曲による1曲を読者にお届けしておきたい。

『天　命』

人は天命により　この世に生まれてくる
誕生とは　天分を与えられた証拠
誕生とは　天が命じること　天から分け与えられたこと
その一人　それが君

だからその生命《いのち》を　どう使うかは君次第
誕生とは天からの手紙
中に秘められた生命の道　父の思い母の願い
それこそがこの生命　君だけの生命

人目を気にせず　人に負けないで
自分らしく　自分に生きよう
前に進もう　顔を上げよう
それが君にできる　君の君だけの生きる道

◇久米

久米さんは取材に快く応じ、「これまでの経営者の物語を読むとよいことばかりしか書いていない。僕はありのままの自分を話すので、何でも聞いてください。後はあなたが思うように自由に書いて結構。一切、誰も原稿をチェックしたりしませんから」と、取材が始まる前にこう言ってくれた。その言葉に偽りはなかった。原稿はノーチェックのままだ。その意味で、本書に裏も表もない。

ほとんどの企業経営者が自分自身の栄達や会社の利益極大化を目指すのに対し久米さんは違う。彼は、本気で「人の前に（幸せの）明かりを灯す」ことに、長い間、我身を削って全力を投じてきた。こんな男が他にいるだろうか。寡聞にして耳にしたことがない。だから、この人のことを少しでも知って何かを感じ取り人生に活かしてほしいのである。

最後に、本書の執筆に当たり誠実に対応していただいた久米信廣さんに感謝するとともに、久米さんとの巡り合いの機会を作ってくださった明治大学名誉教授の百瀬恵夫先生、出版を引き受けてくださったごま書房新社の代表取締役 池田雅行様に深謝を申し上げます。

篠原　勲

２０１８年10月３日

著者略歴

篠原 勲（しのはら・いさお）

1942年、東京新宿生まれ。

現在、企業文化研究所理事長。NPO法人OSI研究会理事長。

明治大学政治経済学部卒業。東洋経済新報社入社、会社部長、『会社四季報』編集長、『オール投資』編集長、『週刊東洋経済』論説委員、編集局次長、取締役営業局長・取締役広告局長を経て、立正大学講師、公立鳥取環境大学教授、清松コンサルタント㈱日本代表（本社・ベトナム）など歴任。

●主要著書

『NPSの奇跡』『アメリカン・エキスプレスのブランド価値経営』『トヨタ方式の真実』『新事業創造論（共著）』『スーパーゼミナール・環境学（共著）』（以上、東洋経済新報社）、『企業文化力と経営新時代（共著）』『インドの飛翔vs中国の屈折（共著）』（同友館）、『体育会系はナゼ就職に強い?（共著）』『武士道 日本の心（共著）』『明大魂と人間力（共著）』『強い会社は軸がブレない』（以上、第三企画出版）など。

久米 信廣（くめ・のぶひろ）

1951年1月、徳島県石井町生まれ。

現在、第三企画株式会社代表取締役。NPO法人RBAインターナショナル理事長。日本不動産野球連盟事務局長。

1978年日本大学藝術学部卒業。80年第三企画株式会社創業、代表取締役。89年日本不動産野球連盟創設、RBA野球大会主催。任意団体として社会貢献活動「RBA」スタート。2000年NPO法人RBAインターナショナルを設立、理事長。06年明治大学大学院政治経済学研究科博士後期課程修了、経済学博士。17年「RBAプラザ阿波おどり館」（東京都杉並区高円寺）開設。

●主要著書

『久米適と言われるいきかた』（第三企画出版）、『できる人はやる、できない人は論ずる』（ごま書房新社）など。

過去を変えた男
異色の経営者 久米信廣

2018年11月15日　初版第1刷発行

著　者	篠原 勲
発行者	池田 雅行
発行所	株式会社 ごま書房新社 〒101-0031 東京都千代田区東神田1-5-5 マルキビル7F TEL 03-3865-8641（代） FAX 03-3865-8643
カバーデザイン	（株）オセロ 大谷 治之
印刷・製本	精文堂印刷株式会社

ISBN978-4-341-08714-2 C0030